默默向上游

香港五十年代社會影像

鄭寶鴻　著

商務印書館

默默向上游—香港五十年代社會影像

作　　者：鄭寶鴻
責任編輯：張宇程
封面設計：張毅
出　　版：商務印書館（香港）有限公司
　　　　　香港筲箕灣耀興道 3 號東匯廣場 8 樓
　　　　　http://www.commercialpress.com.hk
發　　行：香港聯合書刊物流有限公司
　　　　　香港新界荃灣德士古道 220-248 號荃灣工業中心 16 樓
印　　刷：中華商務彩色印刷有限公司
　　　　　香港新界大埔汀麗路 36 號中華商務印刷大廈 14 字樓
版　　次：2023 年 2 月第 1 版第 3 次印刷
　　　　　©2014 商務印書館（香港）有限公司
　　　　　ISBN 978 962 07 5626 9
　　　　　Printed in Hong Kong

目錄

前 言

1950 年代，本地市民泛稱來自廣東的新移民為"鄉下仔"，不說廣東方言者，無論來自哪一省的皆統稱為"上海佬"。

鄉下仔很快便融入社會，打工、學藝、創業者都有，皆能敬業樂業。而來自大江南北及正式的上海籍人士，不少坐擁巨資，經營工商業的生意。他們羣居於港島新開發區北角，故當地有"小上海"的稱謂。

當局同時實施人口登記及領身份證的政策，終止了百多年來，內地及港澳居民自由出入境往來的制度。可是，香港仍可維持其"過客"中轉站的地位，不少內地及澳門人士經香港往來世界各地。

來往內地的水陸交通，於 1949 年後期有頗大的轉變，直通船及車亦告暫停。本地交通工具則因人口增加以致嚴重不足，勞資雙方亦不時因待遇及工作環境問題引起磨擦和工潮。

同時，因內地政權更易以及韓戰，在本港引起動盪，有多宗銀行倒閉事件發生，投機風氣熾熱，不少內地豪客因"炒"（投機）黃金以致一無所有，淪落於街頭賣"臭豆腐"者亦不鮮見。

雖然社會動盪不已，但不少以華人為服務對象的華資銀號（行），卻有飛躍的發展，因外資銀行仍抱"岸涯自高"的態度。

韓戰導致對中國的禁運，對以"轉口為主"的香港為一致命的打擊，應對方法是將香港轉型為工業城市，不少工廠在各區開設，提供足夠工作崗位，可供大量湧至的新移民就業。

由於本港的通訊設備，較遠東不少地區發達，所以除工業外，商業的發展亦十分快，不少舊式辦公大樓紛紛重建為新型商業大廈。為適應這個新發展形勢，港府採用移山填海的方式，以開闢新工商業區、住宅區和市民休憩場所。影響最深遠，並提供香港發展機會的是 1958 年落成的機場新跑道，以及同年收回的金鐘道之軍部地段，可將中環與東區連成一片，為日後金融中心的發展奠下基石。

至於居住方面，由於放寬了樓宇高度限制，以及推行"分層契"的售樓方式，十多二十層高的住宅大廈如雨後春筍般在各區落成。九龍石硤尾木屋區大火，眾多災民流離失所，導致當局積極興建各類型的廉租屋宇，提供安置。

　　與此同時，當局於 1958 年着手將荃灣發展為衛星城市，早於戰後已有不少工廠在當地興建。不過大部分新界，仍維持傳統的農村風貌，農地以種植稻米為主，米種以"齊眉"及"絲苗"最上乘。漸漸，不少稻田改闢作魚塘以求更大的利潤。每屆"墟期"，很多市區居民亦前往"趁墟"，採購各類農產品。

　　可表現新界居民凝聚力的是多姿多采之節日慶典、神誕醮會及農曆年的祭祀和慶祝活動，往往吸引大量港九市民前往觀賞，當中尤以長洲太平清醮為最。

社會及人口

在日治時代後期的 1945 年 8 月，香港只餘人口五十多萬。個多月後的
9 月 25 日，香港軍政府總督夏慤中將 (Cecil Harcourt) 宣佈，華人來港不設
限制。

之後，大量內地人士湧至。到了 1949 年，當局規定上水一帶居民，要
登記戶籍，此為香港開埠以來的創舉。同年稍後的 5 月 27 日，沙頭角、打
鼓嶺及落馬洲的居民需領身份證，當局宣稱此舉為確保治安及糧食供應。禁
區人民身份證則有特別註明。

落馬洲禁區分隔線，約 1958 年。

落馬洲邊境及遊客觀景點，約 1955 年。

同年 8 月 4 日，立法局首讀《人口登記條例》，市區及新界居民均要申領身份證，並須打指模。

首批登記者為公務員。至於市民的申請表格有兩種：

(1) 僱主代職員申請

(2) 個人自行填報

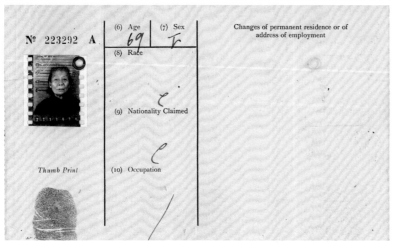

香港的第一批身份證，
1955 年。

Employer's Sheet Serial No:

Identity Card Number:

Form 1(A) **REGISTRATION OF PERSONS RULES, 1949.**
(Rule 4). **FORM 1 (EMPLOYERS RETURN).**

Pursuant to the provisions of the Registration of Persons Ordinance, 1949, I, the undersigned employer, do hereby certify that the following is a true record of the particulars in respect of the undermentioned person employed by me as on the (a) . . . . , 1949, and that in the attached (b) . . . . . . sheets I have truly recorded the information given by him in respect of the members of his family of the age of twelve years and upwards.

余本人即署名於後之僱主茲依照一九四九年人口登記則例之規定
證明下開所鈔關於列一九四九年 (a) ———— 受余僱用之僱員其各
事項均屬真確無訛並證明在所附表格 (b) ———— 張之內余已將其所僱
家內人口足十二歲以上者各項詳情照實錄明

(c) NAME OF EMPLOYER OR FIRM:
  僱主姓名及店名

Signature of Employer
僱主簽名

(d) ADDRESS OF EMPLOYER OR FIRM:
  僱主之住址及店址

Date:
日期

(e) Designation of Person Signing Above:
  上開署名者之身份

(1) (a) Employer's reference number for Employee:
  僱主所給予該僱員之編證

(1) (b) Subsidiary serial number for members of family of the age of twelve years and upwards.
  僱員家屬足十二歲以上者之分編號數

(2) Name (in English):
  英文姓名

(3) Name (in Chinese characters):
  中文姓名

(4) Address (in English):
  英文住址

(5) Address (in Chinese characters):
  中文住址

(6) Age last birthday:
  足歲十算

(7) Sex (M. or F.):
  性別

(8) Race (if Chinese write "C" or if of other race write in full):
  種族(倘係中國人可寫英文字母"C"字 其餘則寫明屬何種族)

(9) Nationality (if Chinese write "C" or if of other nationality write in full):
  國籍(倘係中國籍可寫英文字母"C"字 倘屬外國國籍則寫明是何國籍)

(10) Occupation:
  職業

Form 1(B) (Employer should not make any entry here except at (1) (a) or
(Rule 11) (b) which should be the same as the entry at 1(a) or 1(b) above)
僱主不可在此處填寫任何事項惟(一)(甲)
或(一)(乙) 則可填寫此處應與上開(一)(甲)
(一)(乙)相同者

Identity Card Number:

(1) (a) Employer's reference number for Employee:
  僱主所給予僱員之編證

(1) (b) Subsidiary serial number for members of the family of the age of twelve years and upwards.
  僱員家屬足十二歲以上者之分編號數

has been photographed and should produce this receipt when called upon to receive his Identity Card.

Received Identity Card of above reference.

Thumb Print.

Date:

Signature:

僱員身份證中英文本申請表格，1949 年。

默默向上游

人口登記辦事處，設於銅鑼灣禮頓道利舞台戲院對面，原為一號警署的"新電話大廈"。

當時，同為英國殖民地的馬來亞及新加坡亦進行人口登記。

新成立的香港人口登記局，於1949年11月17日宣佈，新界人口登記首先進行，12歲以下者例外。

至於包括油麻地、深水埗、青衣、急（汲）水門、赤柱、將軍澳、銅鑼灣、青山（屯門）、大埔、長洲及大澳的水上人口登記，則於1950年2月6日開始。

正在"開飯"的水上人家，約1960年。

香港仔的蜑家（水上人家）和兒童，約 1955 年。

1950 年，港九新界共有人口 186 萬，200 人當中有 1 個英國人。

1950 年 4 月 24 日，開始限制澳門華人入境。5 月 1 日，施行"限制華人自由入境令"。邊境沿線設鐵絲網。羅湖車站檢查嚴格，部分由蛇口及南頭乘小輪抵港的搭客被遣返。5 月 10 日，中國政府對香港限制華人入境提出抗議。

駐守邊境的警員，約 1960 年。

1950 年設於邊境的鐵絲網和非法入境者，1962 年。

約 1959 年的美利
操場（現長江中心
所在）。木結構的
政府辦公樓曾被用
作身份證辦公處。

1950 年 6 月，已有 40 萬人領有身份證。而當局亦陸續進行多方面的人
口登記，包括：收音機用戶、工會工人、司機以及宗親會等。而普通市民
（住戶）人口登記則於 1951 年 4 月 9 日開始。

港島人口登記及領身份證地點，是美利操場（現長江中心所在），及跑
馬地公眾餐廳。九龍仔普通住宅人口登記，則假借"南華影業公司"為臨時
登記站。人口登記及發出身份證的首階段，於 1951 年底完成。同時，當局
設置一"移民局"。

1952 年初起，規定往郊區遊覽者須帶身份證。1953 年 4 月，工商處宣
佈，領有身份證之市民，可申領配米證。

默默向上游

Stair Street, Hong Kong

NP-20

上環樓梯街（英文現稱 Ladder Street）的行人，約 1952 年。

雪廠街對出干諾道中之水面及陸上勞動工人，約 1955 年。

街頭露宿者，約 1955 年。

調景嶺鳴遠中學
的嘉許函件連信
封，1958 年。

　　1956 年 2 月 10 日至 9 月 3 日期間，港府曾放寬入境限制，內地來港者可領身份證。但由於"一來不返"者佔八成以上，入境限制重新執行。同時，本港居民離港亦要申領回港證。兩年後的 1958 年，赴澳門亦要領回港證。當時辦理身份證的機構是"人口局"。1958 年，香港人口已接近 300 萬。

　　大量內地難民亦於 1949 年起湧至香港，當中不少為殘疾人士。他們獲得東華醫院收容，安置於上環該院，以及西環"一別亭"的範圍內。1950 年 3 月，數量更多，被安置於一別亭及摩星嶺收容所。

　　1950 年 6 月 15 及 16 日，港府將摩星嶺的 6,000 難民，調遷往調景嶺，當中有原國民黨的軍長（中將）6人、少將師長 11 人及少將參謀長 30 多人。

　　同年 9 月 18 日，港府指出居於調景嶺的難民有7,000 人，台灣當局考慮接收，港府與台灣方面作遣返的會商。同時有多人自行他往。另外，東華三院在廣華醫院興建殘廢病院，以供殘疾人士居留。

調景嶺和調景嶺灣（照鏡灣），約 1977 年。

　　到了 1953 年 1 月 31 日，除部分被遣送往台灣或另有去處者外，調景嶺難民約有一萬人，部分居於上環一帶如必列者士街及九如坊等地帶的街頭。"救濟委員會"請求港督繼續供應伙食，又呼籲台灣繼續接收及救濟。

　　1954 年 3 月，調景嶺難民的生活費為每人每月 10 元，他們皆能自食其力，有愛國心。當局亦注重難民的教育。

在"坑渠蓋""打波子"（玻璃珠）的街童，約 1960 年。

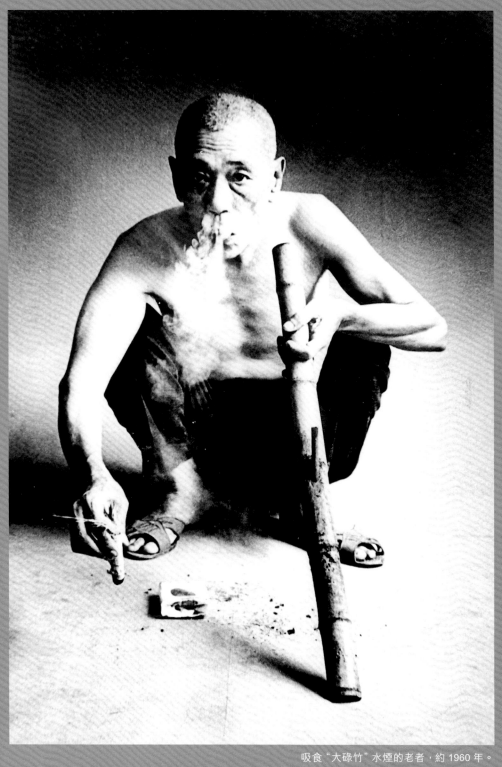

吸食"大碌竹"水煙的老者，約 1960 年。

市區舊樓住宅及騎樓外的
"萬國旗"（晾衫竹）。

與此同時，由 1953 年起，有數以千計流亡寄居在中國天津及上海之白
俄難民，被大陸政府驅逐，逃難來港，等待被遣送往外國。在港期間，他們
過着舒適的寓公生活。有私人浴廁、早午餐有腸仔、牛油多士、煙肉、蛋、
火腿、煎羊排、焗牛肚、布甸及龍蝦湯等，費用由聯合國難民公署支付。他
們所獲待遇，與調景嶺難民相比，有霄壤之別。1957 年 12 月，已有五千多
人經該公署遣送離港。

在 1955 年 10 月，有被遞解出境的十四 K 黑社會份子 96 人，曾被內地
炮艇發現，囚禁於唐家灣。後來將其逐往鯉魚門外的 "大山孤島"，以及垃
圾尾附近的一荒島，無水又無糧。曾有善心人運送衣服食物往救濟。根據一
退休高級警務人員描述，他們最終被艇家運回港境。

大球場散場時的情景,約 1960 年。

政府大球場的觀眾及附近山邊的"草根霸王"(即免費看客),約 1960 年。

交通運輸

　　1949 年，大陸政權易手，香港與廣州間的鐵路停頓了 15 天之後，於 11 月 1 日起恢復，但只為尖沙咀至羅湖。旅客要在羅湖終轉站乘深圳至廣州的列車，換言之，即華、英兩段實行分段行車，直通火車只限於貨運。

　　同時，二十多艘往內地廣州、江門、梧州及石歧等地的內河船，有十多艘轉行港澳綫。為了競爭，紛紛減價，大艙票價由 9 元減至 1 元，更有"加送叉燒飯"作招徠者。為免競爭，後來實行聯營。當時的輪船有玉門、虎門、劍門、廣福祥、香江、利航及德星等。部分後來復航內地。

　　可是，聯營曾經歷 1952、1955 及 1957 年的數次解體，之後才告穩定。在 1950 年代末，港澳輪渡只有德星、佛山及大來三艘。

尖沙咀九廣鐵路車站和天星碼頭，約 1955 年。

設有"蜜月房"的港澳輪渡"利航"號，約 1949 年。

被警方封鎖的羅素街，1950 年，
左方為亦被警方接管的電車職工會。
（圖片由梁紹桔先生提供）

1949 年 12 月，為爭取改善待遇，電車工人採取工業行動：慢駛、怠工及不售車票。資方決定停駛，並開除工人。1950 年 1 月 30 日，警察封鎖電車工會所在的羅素街，開槍並施放催淚彈對付工人。2 月 4 日，華商總會進行斡旋。到了 2 月 10 日，48 天工潮結束，電車復駛，警方並將封鎖的工會交還予工人。

2 月 20 日，拘捕工會主席劉法，將其遞解出境。1951 年 2 月，電車改由波斯富街轉入跑馬地，不再經堅拿道東。當時的電車終站仍有七姊妹、鰂魚涌及名園，名園稍後被北角所取代。

1951 年，因韓戰爆發，港英政府對中國實施禁運，打擊本港轉口及工商業務，市民消費意慾大減，以往一部的士，"日夜更" 的收入由 100 元大減至只有 30 至 40 元。

當時港九共有 344 部的士，由港島之上海、明星、中央、黃的士，以及九龍之金邊、大來、新的士和九龍的士 8 間公司經營，還有 1 間在山頂經營之的士公司。1953 年，元朗成立首間的士公司，共有大、中及小型車 12 輛，可載 3 至 6 人。

香港電車職工改善待遇委員會雙號集票員代表暨組長合影

671攝　　公元一九五〇年一月拾號

電車職工會改善待遇委員會代表暨組長合照於加路連山咖啡圍，1950年1月10日。

（圖片由第一行左一的電車職工梁紹桔先生提供）

　　1959 年，當局決定發出行走新界各區小型巴士的牌照，名為 "新界的士"。此等 "的士" 僅可接客往來新界至九龍半島各區，不得在九龍接客，每車為九座位。此等九座位客車於 1969 年轉變為公共小型巴士。

　　二戰和平後，因巴士車輛短缺，港九均有大量用軍車及貨車改裝的巴士，行走各區，但經常失事，市民印象不佳。1951 年，九巴仍有改裝巴士行走新界，於年底才被全面淘汰。

　　1950 年代，港九增加大量巴士及增闢多條新路綫，但仍不能應付需求。

　　當時，市面有公共人力車 853 架，私家人力車 84 架，還有轎子 27 頂（架），到了 1958 年，只餘下 6 頂。新界方面亦有往來大澳至靈隱寺間的山兜服務。還有行走新界各區的載客單車。最多的是市區載貨三輪單車，共有 788 輛。

油麻地佐敦道的乘客和汽車渡輪碼頭及巴士總站，約 1960 年。

九龍區"擠巴士"的情景，約 1955 年。

干諾道中統一碼頭旁（現四季酒店所在）的人力車，約 1958 年。背後為機利文街口的港澳碼頭。

賽馬日，馬會前黃泥涌道行人與汽車的擠擁情景，約 1960 年。

1950 年代，公共及私家車的數量大增，可從車牌編號看出：

由戰前至 1951 年，編號由 1 至 9999；

1951 至 1954 年，由 HK 1 至 HK 9999；

1954 至 1957 年，由 XX 1 至 XX 9999；

1957 年起以後，依次以 AA、AB 等字母順序編號迄至現今。

關於車牌編號，有一趣事可提，當 HK 字頭的車牌編號到達 9999 之上限時，交通部職員向洋主管請示處理辦法，該主管劃上 "XX" 二字，表示可用兩個英文字母作下一輪車牌的字頭。但該職員不解主管的意思，將 "XX" 直接用作新一輪車牌的字頭。所以，XX 字頭的車牌是早於 AA 者。

　　港內小輪，由天星小輪公司經營中環至尖沙咀的航綫，其餘大部分港內及新界航綫，由油麻地小輪船公司所經營。

　　為應付汽車渡海的需求，1950 年代初，有三艘新型汽車渡輪下水，連同原來的三艘共有六艘。當時，渡海的車輛每年超過 100 萬架次，1960 年 1月，由上環至佐敦道的第二條汽車渡輪綫開航。

　　1950 年，該公司開辦香港島統一碼頭至大澳的航綫，單程船費 2 元。

　　1952 年，又開辦一條由上環經香港仔往長洲的客貨運航綫。同年，在皇后大道東（金鐘道）大維修期間，開辦一條由統一碼頭至灣仔杜老誌道碼頭的航綫。1954 年，該公司仍有來往中環、長洲、梅窩至坪洲綫的運菜小輪。

　　1956 年，開辦九龍城至灣仔的小輪。

　　1950 及 1955 年，天星及油麻地小輪，分別有兩名三等位之乘客，在船未泊定時搶先登岸，失足墮海，在船與碼頭間被壓死。俟後，所有油麻地船公司碼頭均有"船未泊定切勿跳上碼頭"之警告標語。

　　1955 年，港島新天星碼頭興建及九龍天星碼頭擴建。九龍部分是先將公眾碼頭拆卸，以興建右翼，然後拆卸天星碼頭以興建靠近火車站的左翼，於 1958 年啟用。至於港島同為"U"型立體化建築的新碼頭，則於 1957 年12 月啟用。

　　位於天星碼頭東鄰的新皇后碼頭於 1954 年中啟用，舊碼頭於 1955 年初拆卸。

約 1960 年的 "嘩啦嘩啦" (電船仔,左)、遊艇及舢板,背景為灣仔告士打道。

1953 年，油麻地公司曾開辦由統一碼頭至將軍澳的"遊河船"，標榜為"花費一元可吸兩小時海風"。同年 8 月 23 日，美國第七艦隊 45,000 噸的旗艦"新澤西"號，因體積過大不能進入海港，碇泊於將軍澳。油麻地公司派船載客往參觀，三天內共載三萬多人。之後"新澤西"一詞，被用作形容廚師尅扣伙食買餸錢，寓意為"食水太深"。

1955 年，順利小輪公司開辦由沙田何東樓至馬鞍山的小輪綫。

為解決維港兩岸交通，於 1955 及 1956 年間，曾有兩項海底隧道興建計劃，一為由金鐘美利兵房至尖沙咀漆咸道，全長二英里。另一為由嘉道理先生 (Kadoorie) 提議，由九龍至港島之"Y"型隧道，設有西環及銅鑼灣兩個出口。亦有一由摩理臣山經杜老誌道，跨海而至尖沙咀漆咸道的大橋計劃。

1956 年 4 月 1 日，為配合崇基學院馬料水新校舍，以及馬鞍山的"烏龜(溪) 沙孤兒新村"，增設一馬料水火車站，中文大學成立後，於 1969 年易名為大學站。

1955 年 11 月 3 日，介乎大埔與粉嶺間之軍用道路與鐵路交叉點上，一輛油渣新火車頭與坦克車相撞。坦克被拋離並捲入車卡中，機車拖着坦克行走，兩者的司機均死亡。

位於新界錦田的軍用石崗機場，於 1950 年啟用。1951 年，跑道擴建至永隆圍，工程於 1953 年完成。

約 1972 年的沙田新市，中上方為馬料水的中文大學。

國泰航空的機艙服務員，約
1960 年。

1950 年代，香港有多宗航空失事意外。

最先一宗是 1951 年 3 月 12 日，一架暹羅太平洋海外空公司之 101 空中霸王航機，在北角柏架山撞山墮毀，18 人死亡。

二十多天後的 4 月 9 日，同一公司之客機，由曼谷飛港，在石澳上空因油盡墮海毀沒。

同年 12 月 31 日，一架美海軍飛機在啟德水上機場墮海，四死四獲救。

1952 年 5 月 2 日，一架皇家空軍雙引擎蜜蜂式軍機，在清水灣西邊撞山，機毀人亡。

1956 年 3 月 27 日，兩架英航空母艦噴射機，在魔鬼山上空演習時相撞，三家村旁嶺南村一石屋被毀，一人死亡。

同年 5 月 21 日，另一英軍機在鴨脷洲撞山，機師罹難。

國泰航空公司的航機，約 1949 年。（圖片由吳貴龍先生提供）

　　1949 年 4 月，政府為穩定金融，防止投機，根據《防衛法例》，加強管制黃金，規定不得私存、抵押、買賣和出入口，並禁刊報價行情。金飾店為免冒險違例，停業四天。

　　稍後，政府公佈實際管制者是 22K（91.667%）以上成色，包括純金的黃金。到了 6 月 25 日，更改為 95% 或以上成色者，牙醫（要用黃金鑲牙）則不受管制。

由牙醫簽發，一 "鑲鑄金牙" 的單據，1960 年。

上環皇后大道中近孖沙街的珠寶金行，約 1960 年。

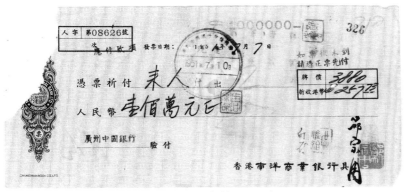

香港南洋商業銀行的人民幣匯票，收款地是廣州，1951 年。

　　1950 年 4 月，九龍某酒店內食肆之員工，在一皮蛋內發現重二両多的金條，八名員工均分，相信是走私客以此方法偷運黃金入境。

　　1949 年 3 月，自英運來之 1 億 2,000 萬枚一毫銅鎳硬幣，不消數日便於市面絕跡，大部分在廣州西鄉一帶流通。同時，滙豐銀行發鈔超過 7 億 2,000 萬元，是因中國內地使用之故。

　　同時，有本港食肆發出"暫欠若干毫"之代用券。兌換輔幣之"貼水"(手續費)每 100 元為 18 元。到了 1950 年，新輔幣大量運到，"貼水"才告消失。

　　1949 年 12 月，不少本港銀號，買賣大陸新發行的人民幣。標榜上海、北京、南京、廣州等地行情，隨時奉告。

　　1950 年 2 月 7 日，中國駐港金融機構，與台灣關係中斷。中國銀行與交通銀行港分行，獲人民政府委託後，積極開展業務。不過，農民銀行、郵政儲金匯業局及中央信託局在港業務仍陷於停頓。

　　當時，位於皇后大道中 83 號的寶生銀號 (後來的寶生銀行，現已被併入中國銀行香港)，代辦往上海的匯款，最多為港幣 500 元。

　　1950 年，部分已在香港復業或開業的銀行，計有：香港信孚銀行、四海通銀行保險有限公司、西南興業銀行、華僑銀行、集友銀行、廖創興儲蓄銀莊 (創興銀行)、中國工業銀行、和成銀行，以及位於德輔道中 167 號三、四樓的南洋商業銀行。同年 10 月 31 日，該行曾被持械匪徒行劫。

1948 年的中環，正中郵政總局以東的部分是銀行區，右方的部分是華人的商貿及金融區。

1951 年，為對內地禁運，實施擴大統制進出口貿易，13 類物資輸出輸入須領執照。

同時，位於皇后大道中 15 號公主行的大通銀行，因業務大減及"不許支付內地人民之來往帳"，於 1951 年 1 月 6 日結束營業。1 月 13 日，另一間銀行美國運通銀行港分行亦暫停辦理存款業務，但旅行支票及外匯業務仍然辦理。

早於 1949 年，政府宣佈 1905 年鑄造最後一批的銀質半元（5 毫）硬幣，停止為合法貨幣，但為應付輔幣荒，於 1951 年重新鑄造一批鎳質的 5 毫硬幣供市面流通。

當時，仍嚴禁囤積輔幣，有人藏 1 毫硬幣 7,000 枚，被罰款 50 元，輔幣發還，但被換成大鈔。

一張由永隆銀號（行）簽發的廣東銀行匯票，收款地是三藩市，可見總經理伍絜宜的簽名。

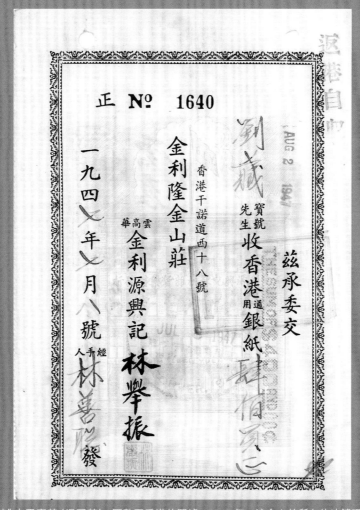

美國大通銀行香港分行的支票，1949 年。該行曾於 1951 年起結束香港的業務。

透過"金利隆金山莊"由雲高華（溫哥華），匯款至香港的單據，1947 年。該金山莊所在的地舖現為"海安咖啡室"。

1951 年 11 月，在部分舊大會堂地段上興建的中國銀行大廈落成，各部分於 11 月 17 日由皇后大道中 4 號（都爹利街口）遷往新廈辦公。位於新廈前的一對石獅，因含大量鐵質，難耐風雨，於 1 月 23 日移往另一端，大門口換上另一對新石獅。

　　1952 年 3 月 18 日，印度合眾商業銀行，在中國銀行舊址開業。

　　同年，有西南興業銀行、德成銀號、信孚銀行、金源銀行及嘉彰莊銀行停業或倒閉。

　　1949 年，恒生銀號創辦人林炳炎逝世，1953 年，由何善衡任董事長。同時改組為有限公司。行址由皇后大道中 181 號遷往 163 至 165 號。

　　1954 年 6 月，開業於 1930 年代的廣安銀行，遷往恒生毗鄰的皇后大道中 169 號。

金融區的中國和滙豐銀行，港督府及右方的海軍船塢，約 1956 年。

皇后大道中 112 號，
永隆銀行的印籍護
衛，約 1960 年。

1954 年開業的銀行有：位於都爹利街 1 號四樓的東京銀行、文咸西街
60 號，由陳弼臣任總經理的盤谷銀行香港分行，以及位於皇后大道中 18 號
的有餘商業銀行。

稍後開業的有 1955 年的華人銀行（位於畢打街 3 號），及 1956 年的海
外信託銀行（位於雪廠街 5 號 D）。

1956 年 12 月 6 日起，"印度新金山中國渣打銀行"的名稱，簡縮為"渣
打銀行"。1957 年，該行位於皇后大道中 3 號的行址拆卸改建新廈，由港督
奠基，於 1959 年建成。

1959 年 12 月 30 日，恒生銀號宣佈，由 1960 年起易名為恒生銀行。同
年易名的還有永隆銀號。

恒生當時正在德輔道中與干諾道中之間，興建 23 層高，雄視亞洲之新
總行大廈（現為盈置大廈）。

　　　　永隆銀行的找換單據，1939 年

畢打街以西的華人金融和商貿區，可見正在興建、當年全港最高的恒生銀行總行（現盈置大廈），正中是統一碼頭，1962 年。

1950 年代的銀行家軼事：

1953 年 3 月 13 日，滙豐銀行主席摩士爵士（Sir Arthur Morse）退休離港，在皇后碼頭登小輪赴九龍倉碼頭，轉乘“廣州”輪返英，由港督以下文武官員及兩局議員往送別。

同一日，政府委任有利銀行榮休司理賓臣（D. Benson）（另一譯名為班遜）氏為特別裁判司，他亦為馬會主席。1959 年，有利銀行成為滙豐銀行之全資附屬機構。

同年 8 月 7 日，滙豐銀行華人經理唐宗寶逝世。9 月 5 日，東亞銀行創辦人之一，李子方在美逝世。

1954 年，端納（Sir Michael Turner）任滙豐銀行總司理暨行政局議員。

1956 年 1 月，中國政府曾着令駐港九的私營銀行，合併為三間聯營。中國銀行行長鄭鐵如（壽仁），僅認為是職務調整。

同年，法國東方滙理銀行華人經理郭贊，為立法局及市政局非官守華人議員。1960 年，郭氏任恒生銀行副董事長。

1956 年 3 月 21 日，呂興合長記銀莊（銀行）董事長呂明才舉殯。呂氏為慈善家，多間學校以他命名。

滙豐銀行總行大堂，由皇后大道中一方望向德輔道中，約 1964 年。

約 1953 年的沙頭角新樓街（中英街）。右方的華界樓房可見 "抗美援朝" 的標語。

1950 年是香港商業頗艱苦的一年。大陸政權易手，社會變革，跟過往的社會狀況有重大的變動，導致貨物不能輸往外地而大量積壓。不過，自韓戰爆發以來，各國搶購物資，物價上漲，存貨亦變為暢銷。各商行有年初時錄得重大虧損，到了年終時扭轉至薄有微利，使到 1950 年代的開局有一較好的勢頭。

工業則頗為好景。1949 年，已登記的工廠有 991 間。1950 年則增加了 111 間至 1,102 間，原因為大量留港的大陸資金中，有相當部分投資於工業。

1950 年 11 月 10 日，報載怡和洋行上海分行經理凱瑟克（Keswick），在當地被扣留。滙豐銀行北京分行，將隨汕頭、天津分行之後關閉，結束營業。由於內地營商環境不明朗，導致 1950 年代香港的商業發展蓬勃。不少老牌外資機構如怡和、會德豐、捷成、太古等均於香港大展拳腳。

1950 年 12 月 10 日，美國增加入口稅率，但對本港 "金山莊" 的業務影響不大。金山莊是一貿易及代理的中介機構，辦運貨物前往美國的三藩市、洛杉磯、紐約等埠。除金山莊外，還有日本莊、暹羅（泰國）莊、安南（印支半島）莊、南洋（星馬）莊、荷印或泗水（印尼）莊，及雪梨（悉尼、澳洲）莊等。

到了 1952 年 8 月，美國擴大限制中國大陸產品輸入，金山莊行業開始衰頹。

由砵典乍街望德輔道中，約 1937 年。最高的樓宇是鐵行輪船公司，右方圓屋頂之大廈是雪廠街交界的廣東銀行，左方的唐樓有各種類的商貿行和店舖，包括左方的一間金山莊。

默默向上游

糖薑工人正進行蜜餞的程序，約 1950 年。

1950 年代初，中華廠商聯合會，編訂了一行業名單，不少為傳統
"七十二行" 以外的行業，以下為其中部分：

熱水瓶、搪瓷、鋁質、膠製品、汽水、竹器、電池、糖果餅乾、建築、
燈泡、鈕扣、樟腦、樟木、洋燭、罐頭、帆布、化學製品、雪茄及香煙、
化粧品、棉紗、針織抽紗及刺繡、染色、電器用具、殺蟲藥、熨斗、火柴、
電影業、漆油、塑膠、印刷、毛冷，以及由戰前起皆十分興盛的糖薑業。

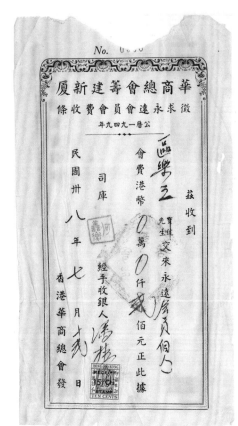

華商總會籌建新廈會費收據，1949
年，可見司庫何善衡的印章。該會
於 1952 年 10 月 1 日易名為中華總
商會，而新廈則於 1955 年 5 月 25
日開幕。

女工們正在處理糖薑，約 1950 年。

1940 年代末，大量資金流港設廠，主要為紗廠的偉綸、香港及南洋。
到了 1950 年代，增加了怡生、九龍、聯泰、新華、大元、寶星、上海、東南、
大南及南海等多間。

除了紗廠外，還有多間紡織製衣廠。其他工業包括造船、鋼窗、製釘、
製帽、樹膠、機器、鑄造、炮竹、電筒、玻璃、皮革、肥皂、鈕扣、製磚
及漆油等。

早期的工廠，集中於港島的西環、石塘咀、銅鑼灣及筲箕灣，以及九
龍的大角咀、深水埗、紅磡及九龍城。此外，還有不少被稱為"山寨廠"的
小型工廠，設於市區住宅內，後來遭當局禁止。

1950 年代，工廠區伸展至港島的柴灣、黃竹坑，九龍的長沙灣及
牛頭角等區，但仍遠遠不足需求。1956 年 11 月 30 日，港督葛量洪 (Sir
Alexander Grantham) 於工展會開幕時提及，政府批准興建分層工廠大廈以解
決廠地之急需。

工展會的前身是由中華廠商聯合會，於戰前 1938 年起舉辦之"中國貨
品展覽會"，淪陷時期停止，於 1948 年起復辦。為期約一個月的工展會，為
廠商工業界的盛事，場地曾分別為尖沙咀現喜來登酒店所在、中環大會堂
現址、夏慤道、紅磡及灣仔新填地等。每年皆吸引數以百萬計的市民入場
參觀。由 1951 年起，易名為"香港華資工業出品展覽會"，1961 年起，刪去
"華資"二字。

1958 年，機場伸出九龍灣的新跑道落成，原來升降地點，即現今彩虹
道一帶，發展為新工業區及住宅區的新蒲崗。

塑膠花廠的女工，約 1958 年。

默默向上游

1955 年在牛頭角至茶果嶺間，填海而獲得的官（觀）塘工業區，以及於
1958 年開始闢建的荃灣衛星城市，先後於 1960 年代初落成。

根據政府統計，1958 年時，註冊工廠已增至 5,000 間，僱用工人約 18
萬，以棉紗、紡織、製衣為主。其他為搪瓷、毛織手套、鋁製品、電筒電池、
真空壺、塑膠製品及製漆等。當時的主要出口地為英國。

新蒲崗、官（觀）塘及荃灣衛星城市的新工業區落成後，提供大量廠地，
香港的工業於 1960 年代即作飛躍的發展。

1950 年代末，香港的出入口貨物價值約為 100 億元。主要的出口國家
為美國、英國、中國、泰國及西德。最大量的為紡織品及成衣、鞋類、食品、
五金及搪瓷用具。

至於入口貨品則主要來自內地、英國、美國及日本等地方，以食品、
橡膠、五金及棉紗等原材料為多。

當時有不少貴金屬如白銀等，是經香港轉口往歐洲各國者。

由於商貿蓬勃，為數甚多作為代理的洋行開設，還有配套的船公司及
航空公司、保險公司，加上原有的老牌洋行、貿易公司及金融機構，以致一
時之間寫字樓和店舖需求甚殷。雖然不少商業大廈重建落成，仍供不應求。

除了老牌的中國國貨公司外，多間包括 "裕華" 在內，經銷價廉物美內
地物品的國貨公司於 1950 年代後期起，陸續在港九各區開設。

在紗廠工作的女工，約 1960 年。

　　戰後迄至 1970 年代，有為數不少遊走於大小公司、店舖與大洋行之間，或者錢莊、找換店與銀行之間，被形容為 "中間剝削" 的經紀。他們客路廣闊、消息靈通，靠佣金及貨物差價以賺取利潤，一如大洋行或銀行的 "買辦"。在資訊落伍的年代，經紀促進商貿 "互通有無"，是有一定的角色者。

　　中上環多間華資銀行及銀號皆有一經紀 "長駐"，甚至在大堂設一電話供其 "專用"。

　　不少經紀賺得 "盆滿缽滿"，索性自己開設商行或找換錢莊，不少成為大老闆。

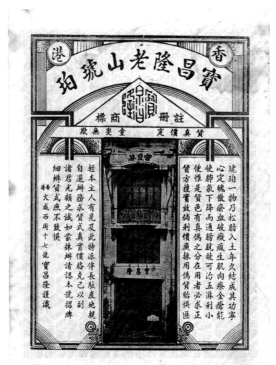

一間 "南北行" 藥店的宣傳單張，約 1950 年。正中可見當時文咸西街典型南北行店舖的格式。

由利源東街西望皇后大道中，約 1959 年。可見中華百貨公司（現連卡佛大廈所在），
及不同行業的公司和店舖。

專營皮鞋材料、家具及古物的摩羅下街，約 1960 年。整條街道於 1970 年代中重整為樂古道。

1940 年代後期，為應付屋荒及日益增加的人口，當局着手將淪陷期間遭受破壞，以及荒廢的建築物及土地重新發展。

1950 年，政府放棄在港島、九龍及新九龍撥地興建墳場，而改在新界。

華民政務司杜德（Ronald Todd）在紅磡新厝房（附近有一"永別亭"，1960 年代中易名為"紅磡公眾殯儀廳"）開門典禮時說："以生者之需要為重，死者之葬地為輕。"

為配合此政策，位於粉嶺和合石及羅湖沙嶺的兩處新墳場，於 1950 年12 月 1 日啟用，同時封閉新九龍第七號墳場，稍後亦陸續將何文田及靠背壟之墳場遷移。

為使香港轉變為現代化都市，1950 年代，進行了多項填海計劃。

最先一項是 1950 年初的茶果嶺及鹹田（藍田）填海（早於 1947 年，當局已開始將牛頭角至官（觀）塘灣之間的海灣填平，以開闢官（觀）塘道。），工程於 1951 年中完成後，供亞細亞火油公司位於北角的油庫，以及大角咀的飛機油庫遷往，以方便銅鑼灣及北角的填海工程。1952 年 9 月，在火油倉原址開闢水星街、木星街、蜆殼街及麥連街，多座唐樓在此興建。

約 1960 年的銅鑼灣新避風塘。右方為維多利亞公園，中部有煙囪處是北角電氣道的香港
電燈公司發電廠，發電廠稍後遷往鴨脷洲，地段於 1980 年代初發展為城市花園屋苑。

1959 年干諾道中與畢打街交界。左方為興建中的於仁大廈，卜公碼頭現被重置於赤柱，亦可見落成於 1955 年的中華總商會新大廈。

"小上海"北角，由北角道向東望英皇道。可見不少新落成的公寓式住房。正中最高的是興建中的都城戲院，其對面有兩枝電燈桿的是位於糖水道與書局街交界的商務印書館廠房，1953 年。

　　1951 年 2 月，由鰂魚涌麗池至北角道，北角難民營之填海工程完成，獲地 35 萬呎。一座位於和富道的聯益貨倉（現和富中心屋苑所在），在這一帶落成。

　　1951 年 11 月，中區愛丁堡廣場，以及銅鑼灣避風塘的填海工程，同時展開。為配合中區填海，位於美利道口（現和記大廈所在）的域多利游泳場，於 1953 年停用及拆卸。

　　至於銅鑼灣，當局夷平部分天后廟山，將山泥用作堆填，亦在此開闢包括怡景道等的多條新路。同時夷平的還有著名的利園山，完成後新地段上闢有蘭芳道、啟超道、白沙道以及恩平道等多條新街道。

　　於 1951 年開始的香港仔填海亦加速進行，堆積 30 年的污穢淤泥亦同時清理。

　　1954 年 3 月 1 日，為使工業向郊區發展，在柴灣海灘一帶填海以闢工廠區，三個月已完成。

　　中區及銅鑼灣填海於 1954 年 5 月，大致完竣，新皇后碼頭在愛丁堡廣場落成。1954 及 1955 年的兩屆工展會，亦在新填地上舉行，稍後，在此興建大會堂，於 1962 年落成。

約 1958 年的跑馬地。左方為養和醫院，左前方是供馬匹踱步入馬場的 "馬路" 山光道。
這一帶的舊樓亦依次重建。背景可見剛落成的機場新跑道，以及正在填海開闢的官（觀）塘工業區。

銅鑼灣新填地上曾短暫作為小販、占卜及食檔麕集的"平民夜樂園"。當局着手在此培植花草樹木，闢建維多利亞公園，於 1957 年竣工。

　　1954 年 4 月，開始夷平位於土瓜灣上鄉道、馬頭角道、土瓜灣道與炮仗街之間的馬坑涌山，夷平之地盤用作興建民居，並在對出之海邊填海，將貴州街、馬坑涌道及落山道伸延至海濱。

　　1954 年 5 月，當局為改善油麻地、旺角、大角咀以至深水埗一帶的居住衛生（因該一帶對出為避風塘，故禁止設置水廁），在油麻地佐敦道起，沿炮台街建設一巨大污水暗渠，直至深水埗。然後沿旺角道至晏架街，經過大角咀避風塘海底，直至昂船洲外，將上述各區之穢物，經此渠流出避風塘外之大海，以免影響避風艇戶所處海段的潔淨環境。

　　工程於 1956 年中完成後，避風塘旁地區興建水廁的禁令取消，高樓大廈陸續興建。

約 1950 年的鰂魚涌柏架山道。中前方是太古船塢的高級職員宿舍，右下方現為南豐新邨、康怡花園等屋苑所在。圖片上方是尖沙咀及紅磡黃埔船塢。

1951 年的大坑與銅鑼灣區。正中的避風塘即進行填海以闢建維多利亞公園，中右方為剛落成的皇仁書院新校舍。虎豹別墅白塔旁一帶的舊屋及寮屋，於數年後逐漸演變為高尚住宅區。

由佐敦道北望彌敦道，約 1953 年。兩旁的戰前舊樓皆無水廁設備者。衛生問題於 1956 年解決後，陸續改建為高樓大廈。

何文田楠道（公主道）旁邊的平民屋及寮屋區，約 1953 年。

1959年的佐敦道，由佐治五世公園向東望。左方炮台街口龍如大酒家至上海街口統一樓的地段，原為煤氣廠。因接近碼頭，這一帶為當時最繁盛的地段。

由旺角山東街北望彌敦道，約1960年。
大型食肆及戲院陸續開設，這一帶漸趨繁盛。

尖沙咀加拿芬道與加連威老道交界，
約 1960 年，中左部是金巴利道。
這一帶的三四層高樓宇即將改建為高樓大廈。

1954 年，當局決定在位於牛頭角及茶果嶺之間、又名"垃圾灣"的官（觀）塘灣填海開闢新工業區，工程於 1955 年開始。同時填海的還有長沙灣工業區，青山道、永隆街前，以及東京街旁的海濱。此外，亦在港島筲箕灣和柴灣進行龐大的填海工程。

1956 年，着手夷平紅磡的大環山，並在其前方的大環灣填海。

1957 年 3 月，港島上環由林士街，至摩利臣街的干諾道中填海工程開展，包括德記、大業及厚德的三座渡輪碼頭，以及多座"電船仔"碼頭需要遷移。工程於 1958 年完成，該"新填地"即時成為取代荷李活道"大笪地"，攤販、食檔、占卜星相及表演賣藝攤檔雲集的"平民夜總會"。

1957 年 9 月 17 日，官（觀）塘多幅工業用地開拍，底價每呎 5 元，拍賣成交價為 20 至 25 元。一年後，填海工程完成，政府招標承建裕民坊一帶的道路。1960 年初，着手規劃官（觀）塘的工業區和市區建設，於 1965 年全部完成後，名稱由官塘改為觀塘。

1958 年，連接海心島（土瓜灣島）的填海工程開始進行，但海心廟則被保留。

1958 年 3 月 1 日，港府與英陸軍部簽約，收回皇后大道東（現金鐘道）美利兵房，及附近一帶達十英畝的地段，以及部分深水埗兵房。同時亦收回美利兵房前端的海軍船塢。自此，該帶軍事用地轉為民用，1960 年填海闢建夏慤道，中環至灣仔的"樽頸"，從此打通。

1952 年的中環，正進行愛丁堡廣場的填海。
左方的海軍船塢及軍營地段，於 1958 年由軍部交回予港府發展，及闢建夏愨道。

為使香港成為航空運輸中心，可容彗星式及噴射式飛機升降，當局在1952年8月，決定在九龍灣填海，興建一條向海伸展的跑道。

為配合跑道的建築，於1954年着手夷平譚公道與亞皆老街之間的"平頂山"、書院道尾，現為九龍仔公園的"九龍仔山"、宋王臺的小山，以及加林邊道的山坡，用作堆填物。

1956年，又着手夷平書院道與延文禮士道間的一座山崗，為方便將山泥運往堆填區，當局在衙前圍道闢建一運泥通道，並用鐵絲網將包括嘉林邊道、聯合道、福佬村道、獅子石道、南角道、龍崗道及城南道的七條街道攔隔，加上塵土飛揚，對這一帶的居民和商戶，造成極大不便。運泥道及鐵絲網要到1958年3月才拆除。

同年9月12日，長8,350呎，闊200呎的機場新跑道，由港督柏立基（Sir Robert Black）乘坐直升機，在驟雨中衝斷綵帶行啟用禮。港府又着手興建客運大廈及停車場，於1962年啟用。

機場新跑道於1958年啟用後，啟德機場由衙前圍村，迄至清水灣道九龍山（飛鵝山）腳的500英畝，原為機場的升降用地，被發展為工業及住宅區的新蒲崗。同時又在其鄰近的竹園村以北，原為"新九龍牛奶房"之地段，闢建為鳳凰村。

九龍區的山邊木屋，約 1965 年。

約 1953 年的啟德機場，右方是飛鵝山。

　　1950 年前後，當局收回港島上環區，於戰時遭受破壞的，包括必列者
士街、永利街及華興里的"卅間廢墟"部分地段，用作興建街市、住宅、公
廁和浴室，於 1953 年全部落成。

　　同時，又清拆位於皇仁書院舊址地段上興建的木板寮屋，該書院於淪
陷期間因被盜拆而遭破壞。1951 年 4 月，警察宿舍在此地段上落成。

　　由大坑區虎豹別墅起，迄至銅鑼灣、天后、北角、筲箕灣的山頭，包
括芽菜坑、中山坑、炮台山、馬山、名園山及東大街後山的綠寶村等，有
數以萬計的木屋。當局由 1950 年後期，陸續清拆。

大坑區的山邊木屋，約 1962 年。

上環發興街一幢戰前舊木樓樓層內之板間房、"閣仔"（閣樓）及狹窄的走廊，攝於 1972 年。

　　政府在柴灣坳，平安村附近，墳場旁的半山曠地，開闢一新木屋區，以安置由上述地區遷至的居民，可蓋木屋萬多間。1952 年，又在柴灣舊村口的興華村，發展另一木屋區，並在"柴灣墳場辦事處"的建築物外，同懸上"興華村辦事處"的招牌，這是最早期的徙置區。1958 年，在香島道（柴灣道）兩旁，興建七層高的徙置大廈。

　　1952 年起，繼續清拆北角區堡壘山、繼園山、琴台山、大坑春暉台，以及跑馬地藍塘道和聚文街一帶的木屋。地段平整工程完竣後，多幅被地產商購入，興建新樓。

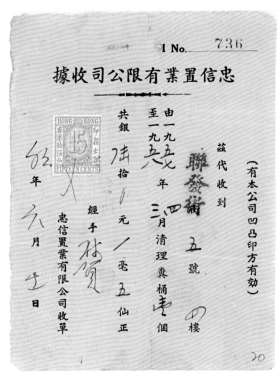

一置業公司發出之清糞費
用的收據，1957 年。

港島東區的寮屋，約 1965 年。
寮屋稍後被清拆以作發展。

　　1955 年，夷平包括芽菜坑、康福台、炮台山及名園山的部分山段，以延長向東擴展的天后廟道。

　　除柴灣外，當局亦於 1953 年，在掃桿埔、嘉路連山正民村、筲箕灣富斗窟、摩星嶺公民村，開闢新寮屋徙置區。

　　1955 年，當局清拆北角健康村的木屋、地段撥交 "香港平民屋宇公司"，以興建廉租屋，居民則被安置往上述之新徙置區。健康村廉租屋於 1958 年 8 月入伙。

　　1955 年初，銅鑼灣蓮花宮木屋區大火，災民在附近包括歌頓道的街道蓋搭木及紙皮屋居住。同年 11 月，被徙置往虎豹別墅背後之 "靶塘山" 搭寮屋作居所。

　　其附近的大坑村對上山段，原為一片荒地之渣甸瞭望台 (Jardine's Lookout)，又名渣甸坳，現名渣甸山，是在二十世紀初，由政府撥予渣甸 (怡和) 洋行，供瞭望該公司船隊出入港口之用。1950 年代初亦曾作寮屋區，1954 年起被發展為高尚住宅區，闢建多條新街道。1956 年初，有 50 座住宅別墅落成。

1963 年水荒時期，木唐樓居民的輪水長龍及 "水桶陣"。當時為四日供水一次，每次四小時。

同年 7 月，當局將渣甸山旁邊，大坑道上之畢喇山，闢作臨時徙置木屋區，居民 2,000，但無水喉，一如居於沙漠。

同年稍後的 11 月，銅鑼灣天后廟背後，天后廟山之木屋大火，1,700 多災民被遷徙往摩理臣山石礦場之木屋區。

1954 年 11 月，政府用"合作社式"，借款予華籍公務員，分 20 年清還，領地建樓，使他們"居者有其屋"（當時用語）。該等華員住宅位於石塘咀與西環之間的"炮台山"，卑路乍炮台舊址，於 1956 年 10 月底落成，名稱為"寶翠園"。

1956 年，已有五家興建廉租屋的公私營機構，包括：

(1) 房屋委員會（Housing Authority）

(2) 香港房屋協會（Hong Kong Housing Society）

(3) 香港經濟房屋協會（Hong Kong Economic Housing Society）

(4) 模範屋宇會（Model Housing Society）

(5) 香港平民屋宇有限公司（Hong Kong Settlers Housing Corporation Co. Ltd.）

早於 1954 年，模範屋宇會已在健康村東鄰，新麗池遊樂場對面興建模範邨廉租屋，於 1955 年中入伙。

由房屋委員會（後來中文名改為"香港屋宇建設委員會"）興建，位於北角渣華道的龐大廉租屋羣"北角邨"，於 1957 年 11 月 25 日，由港督揭幕入伙。

上圖
東區一街道的"石屎"（三合土）唐樓，與及在其天台僭建的木屋，約 1960 年。

上環皇后大道中 324 號，一層唐樓的景象（左），及另一層唐樓內的板間房、吊閣和床位（右），攝於 1973 年。

1958 年，房屋委員會又在西環加多近街興建廉租屋"西環邨"，於同年 10 月入伙。

同時，香港房屋協會在筲箕灣興建廉租屋邨"明華大廈"。

雖然如此，港島各區，仍有不少木寮屋，散佈於每一角落及街頭，單是中區已有六、七百間，座落於必列者士街、九如坊、加冕台、中和里、城隍街、堅道的後巷、善慶街、美輪街、鐵行里及維新里等一帶，要到 1960 年代中才消失。

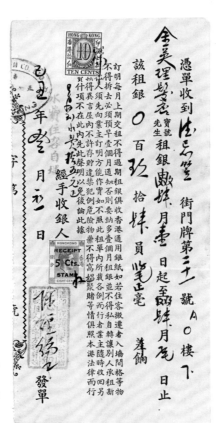

中環德忌笠（德己立）街 31 號 A 一地舖的租單，於 1949 年的每月租金為 94 元 2 毫半。當時該區不少地舖是用作住宅者。

約 1960 年的灣仔大佛口，教堂背後的四層高樓宇，是始建於 1930 年。這一帶的唐樓由當年起陸續被清拆改建。

北角海旁的渣華道廉租屋邨"北角邨"，約 1962 年。

第七章　房屋建設 — 九龍

1949 年，當局開始清拆深水埗、石硤尾、白田村、蘇屋村、李屋村、何文田保民村、譚公道、界限街，以及宋王臺一帶的木屋。

1950 年，位於石硤尾村的菜田，被平整作地盤用以興建石屋出售，住有居民萬多人。

同年 11 月 27 日，九龍城東頭村大火，蔓延至附近區域，燬屋 2,000，災民約 1 萬。後來被徙往牛頭角，每戶獲地 120 方呎以築居所。同時，收回東頭村大批農地，建屋以安置災民。另外，何文田新村第一期，建有平民屋 153 間，亦供東頭村火災居民入住。

1952 年 4 月 20 日及 5 月 3 日，大坑西至石硤尾間的九龍塘村（又名"九龍仔"）木屋區，兩度發生大火，數千木屋被焚，幾波及著名永華影片公司的片場。事後，香港平民屋宇公司在其附近的大坑西村廢墟，興建平民屋 200 間，每間月租 30 元。

九龍仔木屋區大火的灌救情景，1950 年代。

徙置區的食檔,約 1960 年。

在徙置區吃麵的婆孫，約 1960 年。

"食飯"和"飛髮"（理髮），約 1960 年的石硤尾徙置區。

1952 年，九龍的徙置區計有：

何文田的文華村；

京士柏的治民村；

荔枝角的衛民村；

土瓜灣的樂民村；

牛頭角的復華村：

當時，政府正闢建一新路直通往何文田徙置區。

同年 11 月，紅磡山谷道上的山谷山及石硤尾村，同發生大火，分別燬屋 81 間及 304 間，共約 5,000 人失家園。胡文虎捐建十間平民屋供山谷村大火居民入住。

1953 年，九龍的徙置區還有老虎岩（1974 年易名為樂富）、土瓜灣、鑽石山及荔枝角九華徑等多處。

石硤尾村經歷大火後，立即重建，工程於 1953 年 8 月完成。

1953 年石硤尾大火後災場和災民。（圖片由張西門先生提供）

新石硤尾村內有一 15 呎闊，可行消防車的大路，名為重建路，村內亦有 80 間包括茶樓、糧食、百貨、藥房等大商店。

　　之後，這一帶的窩仔村及白田村中約，亦分別發生兩次小火。

　　最猛烈的一場大火，發生於 1953 年 12 月 25 日聖誕夜的 9 時 25 分，起火地點為石硤尾區白田村，火場旋即擴展至白田上、中、下村、石硤尾村、窩仔上、下村，共六條村落三方里的災場內，有一萬間木屋及石屋被燬，近六萬人失家園。

　　災民在附近的巴域街、耀東街、南昌街、北河街、石硤尾街，以及這些街道兩旁、行人路、騎樓底和後巷、空地，利用焚餘之木料、鐵皮等，蓋搭寮屋或布篷暫居，數以千計。

　　寮屋區稍後蔓延至長沙灣道，以及旺角洗衣街和染布房街一帶。當局又在長沙灣道中間草坪，蓋搭臨時廁所 400 多座及浴室 200 多座。有兩所臨時醫院，建設於界限街食站旁。

用作安置石硤尾大火災民的深水埗楓樹街球場，1953 年。左方是汝州街，右方是長沙灣道。

（圖片由張西門先生提供）

在石硤尾災場正興建兩層高的住屋，供災民入住，1954 年初。（圖片由張西門先生提供）

位於石硤尾巴域街的六層（前）和七層徙置大廈，約 1960 年。警察旁邊為一輛機動三輪車。

　　1954 年 1 月，着手平整災場，開始在此興建一層的住屋 60 多間，一個月後供災民入住，名為"石硤尾新村"。部分災民則遷往東頭村、牛頭角及京士柏等區。稍後，這些住宅增高至兩及三層者。同年 8 月，開始興建八座六層高的徙置大廈，後來增高至七層。

　　兩個月後的 10 月 1 日，順寧道對上的李鄭屋村發生大火，當局決定在災場興建與石硤尾相同之七層徙置大廈，每單位為 125 方呎。

　　1954 年 11 月，16 座六層高的石硤尾徙置大廈落成，供石硤尾及九龍仔大火災民入住。至於九龍仔的災區，亦興建六層高的徙置大廈六座。

　　到了 1955 年 6 月，當局決定將所有徙置大廈劃一為七層高，亦開始拆卸一兩層高的平房。

　　同年 11 月 1 日，九龍塘花墟村內的花墟直街、山邊街及井邊街發生大火，燬屋 500，災民約 6,000。

　　11 月 7 日，老虎岩（樂富）石廠街亦發生大火，燬木屋 300，災民 2,000 多。災場旁為侯王廟道（現聯合道）及長城公司片場（現樂富公園所在）。一周後的 11 月 17 日，老虎岩對上的"大師山"（現橫頭磡所在）上的山頂街、上山街及下山街亦發生大火，焚去木屋 300 間，災民 2,500。

　　11 月 27 及 30 日，紅磡山谷山木屋區兩遭火神掃蕩，燬屋百間，災民近千。

　　上述數區受大火影響的災民，於 1956 年 3 月，獲徙置於牛頭角平民屋，以及九龍仔大坑東之七層徙置大廈。

由吳松街東望佐敦道，約 1952 年，橫亘有雙層巴士處是彌敦道，現立信大廈所在，左方肉食公司旁是白加士街。
這些戰前舊樓於 1950 年代後期陸續被拆卸重建。

由旺角亞皆老街北望新填地街，約 1960 年。兩旁三層高的舊唐樓外遍懸"萬國旗"（晾曬衣裳）。

同年 7 月，石硤尾村、李鄭屋村、大坑東等徙置大廈陸續落成，紅磡、深水埗等大火災區的寮屋災民均陸續"上樓"，寮屋亦漸消失。

　　10 月，當局決定發展馬頭圍區，由北界的鄧鏡波學校起，至馬頭角海邊南界，迄界北帝街止的土地。北界發展為住宅及廉租屋區，南界則為工業區。

　　10 月 10 日，李鄭屋村徙置區因撕下貼於徙置大廈牆壁的旗幟，引起暴動，導致九龍戒嚴、全港學校休假。數天後，局面才漸回復正常。暴動引致 60 人死亡，300 多人受傷。

　　1957 年，石硤尾繼續興建七層徙置大廈，同時，竹園、老虎岩（樂富）的徙置大廈亦告落成。當局亦着手在大環山、黃大仙及牛頭角闢建徙置區。徙置區每一單位的月租為 45 元。

　　1957 年尾，已有 68 間學校，在各區徙置大廈的天台開辦。

　　1958 年 4 月，政府撥出馬頭涌的土地十英畝，以興建馬頭圍邨。而新發展之官（觀）塘區亦着手興建徙置大廈 26 座，計可容五萬多人。

　　同時，由於寮屋居民多已"上樓"，設於長沙灣道馬路中間的廁所及浴室，亦陸續拆除。

由油麻地南京街北望彌敦道，約 1960 年。圖中的三層高無水廁設備的戰前舊樓，部分已被改建成大廈。

可"上樓"入住徙置大廈的市民，約 1960 年。

徙置區的生活，約 1960 年。

第八章

地產發展

默默向上游

香港五十年代社會影像

1949 年 1 月 20 日，九龍旺角東方煙廠地段拍賣，該地段位於彌敦道、西洋菜街、花園街、豉油街及登打士街之間。拍賣時劃分為地段二十多幅，於 1950 年興建多幢不同類型樓宇，當中有一開業於 1950 年的 "明園遊樂場"。

該遊樂場於 1952 年結業，曾改建為開設有 "中僑國貨" 及 "龍華茶樓" 的唐樓，現為 "信和中心" 所在。有一商務印書館位於豉油街。

在該煙廠地段範圍，1950 年代中闢有東方街及煙廠街。

以余達之為首的廠商，於 1948 年獲政府以每呎 1 元的價格，批出一幅位於界限街旁連同一 "花墟山"，共 40 英畝的地段。隨後於 1950 年 4 月 27 日，發起定名為 "又一村" 的集體建屋計劃，由一間名為 "又一村建設有限公司" 發展。1954 年 12 月開始入伙，十條包括 "達之路" 及以花木命名之馬路，亦告落成。該別墅式住宅屋村發展計劃，於 1956 年全部完成。

1952 年 5 月，怡和洋行將位於銅鑼灣軒尼詩道、波斯富街、告士打道與東角道間的 "渣甸東倉" 地段出售。該部分之渣甸貨倉，建成於 1850 年，其中有一花崗石拱門 (位於東角道與駱克道交界)，則建成於 1843 年。

該地段分為 11 部分，局部地段用作延長駱克道及謝斐道，當時的成交價為每呎 110 元。在首批地段上築成的多幢位於軒尼詩道利園山對面的唐樓，於 1953 年落成，位於波斯富街交界的紐約戲院，則於 1955 年開幕。戲院連同唐樓，現時重建為銅鑼灣廣場迄至崇光百貨的多幢新型樓宇。

由利園山道東望軒尼詩道，約 1955 年。左方一列五層唐樓的地段前身為 "渣甸東倉"。
右方的 "幫辦樓" 及牛奶公司廠房，分別於 1960 年及 1970 年代改建為香港大廈及皇室行。
左方的唐樓亦於 1980 年代重建為包括崇光百貨等大廈。

由天后區望維園及銅鑼灣。左中部為由渣甸倉及卜內門倉，所改建的百德新街一帶的新型住宅羣。

皇后大道中與德忌笠（德己立）街交界，約 1953 年，右方是第一代皇后戲院。這一帶的舊樓於稍後陸續被改建為寫字樓大廈，
包括皇后戲院及右方的第一代華人行，正中的商務印書館亦於稍後改建為新廈。當時的皇后大道中仍為雙向"對頭"行車者。

位於公爵行（皇后大道中與雪廠街交界）頂樓的"香港證券交易所"交易大堂，與經紀席位，約 1965 年。

默默向上游

同時，怡和洋行及屬下之香港置地公司亦將其中環"王國"的多幢物業重新發展。

1948 年拆卸皇后大道中勝斯酒店，及國華商業銀行，興建位於與雪廠街交界的愛丁堡大廈（公爵行），於 1950 年落成，頂層為"香港證券交易所"。

1950 年 7 月，拆卸德輔道中的亞力山打行，兩年後落成。其東鄰面向雪廠街，原為英皇酒店的"中天行"及"思豪酒店"，則於 1954 年拆卸併入亞力山打行，後來正名為歷山大廈，於 1956 年落成。

1955 年，又拆卸位於畢打街與德輔道中交界的渣甸行，改建為 17 層高的怡和大廈，兩年後落成。 1970 年代再改建為會德豐大廈。

1955 年，皇后大道中 7 號的有利銀行大廈改建，而其東邊位於 3 號的渣打銀行則於一年後拆卸， 1959 年改建成當時最高的新總行大廈，兩者均於 1980 年末再度重建。

1952 年，香港政府動用港幣 285 萬，購入政府山上之法國外方傳道會大樓，供教育司署辦公，所在現為終審法院。而政府早於一年前拆卸附近位於花園道至下亞厘畢道的政府合署東座，新廈於 1953 年落成。

政府山（左）及中環銀行區，約 1954 年。除部分政府山上的建築及右方的舊中銀大廈外，
由滙豐銀行至整個銀行區內的建築物，皆陸續重建為高樓大廈。

　　1954 年 1 月，拆卸於 1847 年奠基之 "輔政司署舊衙門"，於 1957 年 1 月落成，名為政府合署中座，內有輔政司署及立法局會議廳，回歸後為政府總部所在。

　　1956 年，當局亦拆卸其西鄰連同舊雪廠的建築，於 1958 年建成政府合署西座。

　　1955 年 6 月，港督批准位於德輔道中、皇后大道中、砵典乍街及中國街 (約 1970 年改名為萬宜里) 共四條街道，內有屋宇 42 座的樓宇，不受租例約束而拆卸，改建為萬宜大廈，於 1957 年落成。該大廈設有香港首部行人扶手電梯，每小時可載運 5,000 人。

　　1954 年 5 月，位於北角英皇道、糖水道、書局街及渣華道，被著名建築商伍華先生形容為 "戰前英皇道上最偉大的建築物"，商務印書館龐大廠房中的一幅地段售出，被用作興建多幢樓宇，當局在此地段中闢一名為 "馬寶道" 的新街道。

　　1955 年，位於皇后大道中 35 號與昭隆街交界，商務印書館門市部所在的樓宇拆卸，改建為商業大廈。而位於德輔道中 187 至 195 號，瑞興公司的多座樓宇亦拆卸，改建為李寶椿大廈，於 1958 年落成。

　　1955 年中，廖創興 (現創興) 銀行，以 600 多萬元購入西邊街以西，包括德輔道西及干諾道西一帶的多間貨倉和工廠，地價為每呎 66 元。改建為六層高樓宇 40 幢，九層高樓宇 2 幢。

　　一年後，位於石塘咀屈地街，以及佐敦道介乎炮台街與上海街之間的煤氣廠，皆遷往馬頭角區，廠地被改建為住宅大樓或大廈。

由灣仔克街望莊士敦道（左）及軒尼詩道（右），1953 年。
這一帶的樓宇連同街市皆於 1960 年起重新發展，正中的油站屋宇亦於 1970 年代初改建。

　　1955 年 12 月，港府放寬樓宇高度限制，最高可至 100 呎或 26 層，新大廈紛紛興建。

　　1956 年，包括立信、大昌等多間地產置業公司和發展商，在銅鑼灣禮頓道、加路連山道、希雲街，以及尖沙咀、紅磡、土瓜灣及長沙灣等區，興建多幢十層或以上的住宅樓宇出售。

　　翌年，錦興置業公司在銅鑼灣牛奶公司冰廠附近，原日亦為渣甸倉及卜內門倉的地盤，興建多幢住宅大廈。首批興建的，是百德新街原日煤倉所在的銅鑼灣大廈及唐寧大廈，稍後是 1960 年落成，位於記利佐治街，開有大丸百貨的華登大廈等。

　　當時，商業辦公大廈亦如雨後春筍般在各區興建，包括 1957 年拆卸德成行興建之德成大廈，拆卸大酒店興建的中建大廈，以及 1958 年拆卸亞細亞火油公司興建的亞細亞行（現中匯大廈所在）等多座。

　　置地公司亦於 1958 年拆卸位於遮打道的沃行及其背後位於干諾道中的皇帝行，興建於仁大廈，稍後再將西鄰位於畢打街的於仁行拆卸，與新於仁大廈合併，於 1962 年全部完成。1970 年代中，易名為太古大廈，2000 年代初，改建為遮打大廈。

　　至此，中環銀行區，已呈現一片新氣象。

位於租庇利街對開，干諾道的統一碼頭，約 1960 年。這一帶於 1990 年代中發展為中環機鐵站及四季酒店。

尖沙咀梳士巴利道九龍倉及購物商店,
於 1968 年被改建為"九龍商業中心",稍後易名為"星光行"。

同於 1958 年,恒生銀行開始拆卸位於德輔道中、
域多利皇后街及干諾道中之間,三間食肆敍香園、杏
香園及惠安餐室所在的多幢舊樓,興建新總行大廈,
於 1962 年落成。

同年,九龍兩座地標式的建築,油麻地的平安戲
院,以及尖沙咀的重慶市場亦拆卸,興建平安及重慶
大廈,分別於 1960 年及 1961 年落成。

1950 年代,地產業開始蓬勃發展,有三個原因。

首先是 1953 年政府推出"分層契"的買賣制度,
代替過往的整個地段或整幢樓宇才可成交的方式。

二是 1955 年起放寬高度限制,令發展商將新建樓
宇由四、五層高,提升至大廈式的十多二十層。

而最主要原因,是當時的工商及金融業迅速發展,
令不少人可"先富起來"而有能力置業。"做業主"安
居樂業成為一般人的畢生目標。

尖沙咀九龍倉及其碼頭，約 1959 年。右方的"一號橋"（碼頭）於 1966 年被改建成海運大廈，其旁的貨倉亦於同時改建為星光行及香港酒店。正中的部分於 1973 年起被改建為海洋中心、港威中心等，全組建築現時為"海港城"。

　　1949 年 6 月起，粉嶺、上水、沙頭角、打鼓嶺及落馬洲等地，由晚上
十時至晨早六時實施戒嚴，外出者須領特別通行證。

　　1950 年 6 月 15 日，設立"邊境劃定封閉區域"（禁區），通過者須向警
方領證。同時在邊境加設鐵絲網，並大舉拘捕偷渡客。

　　1953 年，有人在聯和墟犯夜禁，被判罰款或入獄。沙頭角的中英街，
成為禁區，軍警嚴密警戒，居民如非必要皆深居簡出。

　　1952 至 1953 年間，由林村至錦田之林錦公路、荃灣經大帽山至錦田的
荃錦公路，以及由粉嶺至錦田的粉錦公路漸次築成通車後，將荃灣、元朗、
錦田、上水、粉嶺及大埔等地呵成一氣。

大埔，火車路軌旁的農婦，約 1960 年。

大埔火車站一景，約 1955 年。

　　由李仲莊等新界名流籌設的新界第一個墟市 —— 粉嶺聯和墟，於 1950 年開始營業。而政府為方便管理，收集及搬運農產品，以及發展農民福利事業，於 1950 年，在聯和墟對面的古洞及安樂村，分別設立"農業合作社"。

　　1950 年代初，元朗被稱為"九龍的穀倉"，每年有三造收成，年產達 27 萬擔。位於元朗公路 (青山公路) 旁的藍地，有大批農場出售力康雞雛。

　　1952 年，元朗共有百多座農場，供應雞、鴨及鴿等禽鳥予港九市區，1953 年則轉變為以養鵪鶉為正業。

　　同年農曆八月十三日，為元朗最大的墟期，農民於天未曉時，即紛紛將牲口及農產品，肩挑背負，前往趁墟。而採購者亦踴至，墟期由朝至午，人潮擠聚。

　　戰後的首屆農業展覽，亦於 1953 年在元朗凹頭官立學校舉行，由港督剪綵。

　　1954 年，當局作出規劃，將元朗定為農商業區，荃灣為商業中心，沙田、大埔、青山 (屯門) 為住宅區。

　　當時的青山 (屯門)，由屏山理民府管轄，著名的場所有容龍別墅、建生酒家、建生磚廠及青山禪院等。

元朗新田一帶的養鴨人家，約 1960 年。

新界的路邊市集，約 1960 年。

新界墟市，約 1965 年。

農夫在插秧，約 1952 年的沙田。

　　荃灣於 1940 年代末已由農村及漁村，轉化為工業區，有一大型紗廠興建。1954 年，荃灣已有多間紗廠、紡織廠、染廠、搪瓷廠、果子廠及水壺廠等。較大規模的有南海紗廠、中國染廠及益豐搪瓷廠等。

　　同年，荃灣進行移山填海以開闢新商業區，並拆卸多間木屋以興建 2,000 間平民屋。當時的鄉公所主席為何傳耀。

　　1952 年，每周有約 5,000 人前往沙田觀光，熱點為西林寺、望夫山和道風山。不少來自大陸的 "過氣" 文武大員，在火車站對上的半山一帶過着農牧生活。同時，車站前的新墟市和碼頭亦告落成，墟市內有街市及配豬種合作社，有新式舖戶及食肆百餘間，農展會亦曾在此舉辦。

　　同年，在荃灣、元朗、沙田、大埔、上水及粉嶺鋪設電話網。同時，香港九龍與長洲間之電話亦啟用。

　　1953 年 1 月 11 日，嘉道理補助會，扶助新界貧苦農民進行推廣農牧生產，設畜牧模範農場，繁殖各種家畜家禽，由立法局議員賀理士嘉道理（Horace Kadoorie）及羅蘭士嘉道理（Lawrence Kadoorie）主辦。

　　1954 年，新界的養淡水塘魚業，發展迅速，塘池面積由 1952 年的 2,600 畝擴展至 3,000 畝。因本小利厚，不少田地被改作魚塘。1957 年，引入 "金山鯽" 及 "牛奶魚" 兩個新魚種。

　　同年，石崗村設軍人之家，供英軍及眷屬居住，內有電影院、泳池及留產所等設施。

　　1955 年 2 月 21 日，上水石湖墟發生新界史上最大的火災，全墟被焚毀，災民 5,000。事後在災區建成一商戶市場，於 7 月 18 日啟用。

新界的客家婦女和孩子，約 1960 年。

沙田遊客景點的西林寺逸園，約 1955 年。

荃灣眾安街，約 1960 年。

離島的長洲，於 1890 年時為"三不管"地帶。島上有五條大街，以大新街最繁盛。1951 年，全島有商戶 500 多間，包括六間金舖，十間茶樓酒家，最大的是"何大信酒家"。

島上有一間由坊眾所辦，原稱"方便所"的"方便醫院"。另一間為由胡文虎捐建，被稱為"虎豹醫院"及"聖約翰醫院"的"長洲醫院"，於 1954 年進行擴建。

大陸政權變更後，長洲人口由 10,000 增至 26,000。1955 年 9 月，長洲開始有自來水。當時長洲居民協會主席為黃承業。

另一離島坪洲，於 1951 年時有居民 5,000 多人。坪洲居民協會當年興建一醫院。島上有一海浴場，最大的廠房為"大中國火柴廠"。

位於坪洲與長洲中間的尼姑洲（島），於 1951 年開始接收由大口環遷至的痲瘋病者。1952 年改名為喜靈洲，當時已建成一痲瘋病院，病人亦在此自行興建居屋，東華三院總理不時往視察。

1950 年代，仍有報章稱其為"爛頭島"的大嶼山，舊名為"大奚山"，被視為急（汲）水門及佛堂門之屏障，島上有多座村落及大量鹽田。1952 年大澳碼頭啟用，之前，小輪搭客是需乘"駁艇"登岸者。

1954 年，政府公開拍賣大嶼山，包括：拾塱、杯（貝）澳、塘福、水口、長沙及石壁一帶的多幅土地，每呎底價為港幣 1 仙。翌年，闢建由梅窩起，途經七條村落，長五英里的第一條公路 —— 大嶼山公路，於 1957 年 8 月完成啟用，伸展至石壁的工程隨即開展。

約 1950 年的長洲及長洲灣。右中部可見碼頭及渡海小輪。

CHEUNG CHAU ISLAND HONG KONG

精彩的飄色及看客，約 1958 年。

約 1948 年的北帝廟（玉虛宮）。

約 1960 年的錦田吉慶圍，
當年的遊覽費為每人 2 毫。

1955 年，梅窩共有 30 多間家庭式腐竹廠。

同年，趁黃花魚汛，漁船紛紛出海，黃花魚產地最多為大澳一帶，長洲次之。

1958 年 3 月 8 日，開始興建南丫環島公路，公路將達至：榕樹灣大街、大圍村、橫塱村、大環新村、大灣舊村及洪聖爺灣。

1954 年 6 月 10 日，沙頭角海吉澳島吉澳鄉大火，三艘水警輪前往協助灌救。

同年，大鵬灣的塔門島“鴉雀”（鴉片煙及麻雀聚賭）齊飛，警方往掃蕩，七人被捕。

1955 年 6 月 15 日，位於大帽山下八鄉，毗鄰“石崗軍人新村”之第一個新界徙置區入伙。

在五十年代中期，農場密佈的屏山唐人新村內，住有不少原國民黨的解甲將軍，包括：衛立煌、關徵麟、徐景唐及余程萬等。

1955 年 12 月，元朗十八鄉南邊圍與山貝村發生糾紛，稍後平息，於 14 日正午簽訂和約，駐村戒備之警隊撤離。

當局於 1954 年及 1955 年，在石湖墟、青山新墟及元朗廣興圍，分別興建三座街市，皆為單層金字塔型屋頂建築。青山的新墟市場（街市）是取代舊日的仁愛市場者。

1955 年 8 月 29 日，在大埔坳松仔園猛鬼橋山澗嬉水，學童共 34 人，被大雨引致暴發之山洪淹沒喪命。事後，大埔區建醮追悼，大埔七約鄉公所在猛鬼橋邊勒碑警告。

約 1950 年的元朗平原，可見禾田旁的農民、耕牛及犁具。

默默向上游

1956 年 3 月，由西貢南北約通往烏龜（溪）沙，及一條由烏龜（溪）沙通往沙田墟的公路開始興建，於年終落成。1957 年，馬料水小輪碼頭啟用。1958 年 3 月 22 日，烏龜（溪）沙兒童新村開幕，為世界最大的孤兒院。

包括沙田墟、大埔墟、上水石湖墟及粉嶺聯和墟的市墟，於 1956 年內全裝上螢光燈。石湖墟災場於同年重建，一律為三層高的建築，300 間店舖亦興建中。上水消防局於 4 月 4 日啟用。

當時新界仍於晚上十時至翌晨六時宵禁，市民遊新界需帶身份證。

1954 年荃灣開山填海，到了 1956 年已拓地 600 多萬呎，劃分為工業、住宅及徙置區。同時將大壩村的百間村屋拆卸，居民被徙往大窩口。當局亦決定將荃灣鄉屬下的九華徑村，併入新九龍的荔枝角，曾遭鄉民反對。

同時，當局將大欖涌水塘範圍內之大欖村，及關屋地村之村民，遷往荃灣之大屋圍新村。

已轉型為工業區的荃灣，1958 年已成為本港的一個主要“副城市”。同時，為協助港府推動“衛星城市”建設任務，香港大學特擇定荃灣為第一個研究計劃對象。

同年，計劃實施，着手開闢荃灣，在又名“垃圾灣”的醉酒灣進行大規模填海，拓地 3,000 英畝，又在青衣島與牙鷹洲之間興築避風塘。新填地於 1960 年代逐漸發展為住宅區、工業區及貨櫃碼頭，衛星城市計劃於 1964 年初步完成，新填海區被名為葵涌。

1959 年，當局又着手將沙田發展為衛星城市，於 1970 年代起陸續完成。

約 1958 年的沙田墟，前方是火車站前的大埔道（公路）。這一帶現時為"新城市廣場"。

第十章

新界節慶

太平清醮的包山，約 1958 年。

　　1950 年 11 月 3 日，沙田舉辦"萬緣勝會"以慶祝車公廟重修 60 週年及追悼先靈。期間居民一律齋戒，菜田灌溉停用糞溺。收入款項除開支外，全撥捐作沙田公立學校，以及先天道安老院之建費。

　　1951 年，長洲舉辦"迎神賽會打大醮"，由 5 月 16 日起進行三天。有逾三四丈高之包山多座，三天內禁屠，並有巡遊及神像出巡。小輪開特別班。

　　9 月 3 日，由博愛醫院主辦之"元朗萬緣勝會"（又名萬華會），一連九晚通宵舉行，11 月 11 日晚上，完滿結壇。

　　1953 年，元朗創設年宵市場，位於光華戲院旁，原日為木屋區之谷亭新廣場。

　　1954 年 1 月 9 日，元朗十年一度之"太平喜醮"開壇，在"元朗娛樂場"舉行，盛會四晝三夜，鄉民隨緣作喜，並日夜上演粵劇，官民同樂。

　　同年 12 月 5 日，大埔林村十年一度太平清壇開壇，一連四日五夜，在村前曠地蓋搭大小醮棚六座，請喃嘸道士誦經唸佛，並有可容數千人之大戲棚一座，男女老幼穿金戴銀往觀。整段醮期，村民不准殺生。

長洲太平清醮的會景巡遊，約 1960 年。

佛堂門天后古廟，約 1960 年。進香船艇碇泊於其前方的大廟灣。

青衣島天后廟的進香船，約 1958 年。

被稱為"大廟"的天后古廟，前方為載客上岸的駁艇，約 1960 年。

大廟灣船艇上的進香客，約 1960 年。

默默向上游

　　1954 年 4 月 25 日（農曆三月廿三）為天后誕。在 1949 年交通不暢通之後，水陸居民不再往內地赤灣的天后廟參拜，而改往西貢區大廟灣佛堂門的天后廟。

　　天后廟俗稱大廟，始建於南宋時期，歷史悠久，廟後有一刻勒於 1274 年的摩崖石刻。每屆神誕正日，進香船隻雲集，可用 "千帆並舉" 來形容。油麻地小輪船公司也派專員載客前往，單程收費 2 元。

　　1955 年 2 月 8 日，新界各農村於上元佳節（農曆正月十五）張燈結綵。去歲誕男丁之居民，將花燈懸於廟內，並寫上該居民及男孩的名字。

　　同年 11 月 18 日，沙田十年一度之建醮盛會開壇，全體鄉民齋戒五日，大埔理民府官黎敦義（Denis Campbell Bray）穿漢服長袍馬褂，主持開燈。大量港九人士往參觀。

　　稍後的 11 月 30 日，錦田鄉十年一度建醮開始，往觀者有二萬人，直至 12 月 24 日才功德圓滿。

　　1956 年 2 月 10 日，農曆十二月廿八日，是被稱為 "墟王" 的新界最後墟期。各區墟市皆十分熱鬧，尤以元朗、大埔及粉嶺為最。港九市民前往購買年花、農產品及家禽以備農曆新年之用。

　　2 月 19 日，新界民政署長彭德（Kenneth Barnett），在大埔元洲仔官邸舉行園遊會，並設筵百席招待新界商紳。

新界區神誕，一座被"搶"（或抽籤）回來的"花炮"
（神龕式的供奉座），被一眾鄉民護送，約 1960 年。

前 言

　　1949 年後期，香港實施出入境管制及限制華人入境，但省港澳三地人士的往來，仍然頻密。迄至 1956 年，不少內地居民舉家來港探親，部分選擇留港發展，可是礙於本港居住環境擠迫，及謀生不易，大部分還是選擇回鄉。

　　同時，很多知名人士包括影藝界紅人，回內地發展，但亦有不少內地專才來港一展所長，或轉往外地。內地演藝界人士，亦不時經港或專程來港表演。1956 年，中國民間藝術團來港表演時，曾引起哄動。

　　有很多內地著名中醫，於五十年代留港駐診。當時市民身體不適時，多延中醫診治，若需西醫診症，多往東華三院屬下醫院"輪街症"，其次才往需收費 1 元的公立醫院。遇到受傷或意外急症，則撥"999"電召救護車，這是當時最先進的應急服務。

　　針對擠迫居住環境，實施已半個世紀的"洗太平地"運動，於 1950 年代中因水荒而永久中止。同時大量新式公廁在各區落成或重建，以回應那些無廁所設備之舊木樓居民的需求。

　　教育亦為社會問題之一，主因為學額嚴重不足，供普羅學童入讀的主要為設於舊式樓宇或唐樓的學校或私塾。官立學校及東華三院學校的學額，為當時家長和學童的夢想。能通過小學會考獲佳績，而入讀中學的機會不多，令大量小學畢業生投身社會。中學畢業已為優質生活的保障，香港大學的畢業生，更被視為"狀元"。

　　和平後，市民的娛樂不外為"睇大戲"（看粵劇）和看電影。家居則為收聽香港電台及"麗的呼聲"的廣播，1959 年增加了商業電台後，使市民有更多的選擇。麗的呼聲的有線電視於 1957 年啟播，但因收費不菲，所以只為"大戶人家"的享受。

　　1950 年代，集資訊與消閒副刊，以及"八卦"劇影消息於一身的報紙，每份售 5 仙至 2 毫，而以售 1 毫的最普遍。不少人亦當閱報為娛樂，在茶樓酒家一邊品茗，一邊"嘆"（細閱）報紙，是上佳的消閒享受。

　　當時的茶樓酒家之多，可用"五步一樓、十步一閣"來形容。因競爭激烈而令價錢大眾化，加上家居環境擠迫，不少人改在茶樓酒家"開飯"（用膳）及宴客。

此外，有不少"包伙食"的作坊，供應"上班一族"的午飯。不過，有不少貧苦大眾，僅能靠廉價的"餿水"或"餐尾"充饑。

1950年代初仍然人浮於事，衍生了為數甚多，稱為"薦人館"的職業介紹所，最主要的工種是名為"媽姐"的家庭女傭，其他為司機、雜工、店員及看更等。

亦有不少屬於"自僱"者，如經紀、大牌檔東主、相士、代寫書信、小販、街頭賣藝以至擦鞋童等。在那時，"創業做生意"難度是不大的。

部分小販攤檔，如設於利源東、西街的衣物中心，以價廉吸引到遊客往光顧。另一遊客熱點為文武廟附近的摩羅上、下街，前往"尋寶"者大不乏人。

本地人視為購物嘉年華的工展會，亦以海外商人及遊客為對象，當局亦刻意宣傳，打造成每年一度的盛事。此外，香港本身有不少天然的迷人景點，以及樸拙的傳統建築，加上獨特的風俗節日儀式，成為推動旅遊業的重點。當局亦將旅遊業視為重要工業之一。

1953年英女皇加冕的盛大慶典活動，現時仍縈繞不少人的腦際。在和平後的困苦日子，每年的中秋及農曆年，是市民團聚及充滿新希望的節日。一些傳統節日如七夕、神誕、盂蘭節等，皆有不同族羣的特色。長洲太平清醮和驚蟄"打小人"，已屬"國際知名"，尤其是"打小人"活動，可用"於今為烈"來形容。

縱觀整個1950年代的香港，是一個需要辛勤工作"揸世界"的社會，充滿挑戰，但亦有無數出人頭地的機會。現時不少富可敵國的精英，其事業王國就是由當時起肇造的。

兩地人士往來

　　二戰和平後，香港與內地居民往來頻密，不少為過港或來港定居者，但亦有若干滯居香港的知名人士返回內地。

　　中國著名小提琴家馬思聰，1947 年在灣仔菲林明道 11 號四樓教琴，他稍後返回內地，1960 年代中再度來港。

　　同年 8 月 14 日，行政院長孫科，在淺水灣私邸為其母，孫中山先生之元配盧太夫人祝壽。11 月 12 日為孫中山先生誕辰，國民黨港澳總支部，在中國酒家舉行茶會招待各界人士。

　　盧太夫人於 1952 年 9 月 7 日病逝，享年 89 歲。

　　1950 年 3 月 15 日，孫科被嚴靄娟在香港控告遺棄，在中央裁判署審訊，但因證據不足，法庭宣告撤銷。

　　1947 年 10 月 10 日，中國外交部兩廣特派員郭德華，在寶珊道舉行酒會招待外賓，出席者有港督葛量洪夫婦及一眾官員等。1948 年 9 月 9 日，永華影業公司鉅片《國魂》在娛樂戲院舉行首映禮，由郭德華夫人揭幕。李麗華、周璇、孫景璐、陳琦剪綵，主角劉瓊任司儀。周璇及劉瓊稍後亦返回內地。

經過新界粉嶺一帶的九廣火車，約 1960 年。

港方羅湖出境檢查站的回鄉客，約 1960 年。

1948 年 5 月 20 日，香港各界慶祝中國正副總統蔣介石、李宗仁就職，舉行列車巡遊，港九各有 25 輛，出發地點分別為港島的修頓球場及九龍的麥花臣球場。

10 月 10 日，香港大學文學院陳君葆教授題字，紀念魯迅逝世 13 週年。陳教授於淪陷期間，力保港大馮平山圖書館的藏書。

同年 10 月，中港緝私協定落實，中國的九龍關在油麻地避風塘及西區招商局碼頭，設立兩個支關，各出口往內地貨物，需在該處呈交報關單，支關並擔任驗貨。

同時，中國海關緝私船，開駐馬士灣及后海灣。中國外交部駐香港簽證貨單專員辦事處成立，專員為傅秉坤。

1948 年 12 月 22 日，國民政府“戰略委員會”代主任委員龍雲，自南京來港後，深居於淺水灣。龍氏曾在雲南省掌政，其子為龍繩勳及龍繩武。部屬程思遠亦來港，曾在報章寫專欄文章，1960 年代中程氏跟隨李宗仁返回內地。

1949 年春，上海聞人杜月笙抵港，寄寓山頂友人私邸閉門讀書，謝絕應酬。9 月 2 日，港滬聞人假銀行公會為杜氏祝壽。

1951 年 8 月 16 日，杜月笙在堅尼地台 18 號寓所病逝，享年 64 歲。在萬國殯儀館舉殯，於大佛口辭靈，停柩於東華義莊，俟日後運返上海安葬。

兩地人士往來必經的尖沙咀九廣鐵路車站，1950 年。

Reg. 13A

28 JUN 1958
Date .... 19....

Audit No. 884498

HONG KONG POLICE
RE-ENTRY PERMIT

The person described hereon is permitted to enter Hong Kong from China
and Macau on **MULTIPLE OCCASIONS** within SIX months from date

ONE YEAR

of issue.

NAME OF HOLDER ....

RESIDENTIAL ADDRESS ....

EMPLOYMENT ADDRESS ....

This permit must be produced to the Immigration Officer on arrival in
Hong Kong.

FEE PAID $2.

Signature ....

Date ....
28 JUN 1958

Signed ....
p. IMMIGRATION OFFICER.

父子同用，往來港澳的回港證，1958 年。背後蓋有羅
湖出境的移民局印戳。

在 1941 年 12 月香港剛淪陷時，脫險離港的國民黨中央委員陳策將軍，於 1949 年 8 月 31 日逝世，享年 57 歲。本港各界在加山孔聖堂追悼。

1949 年 10 月 1 日，中華人民共和國成立，毛澤東任主席，周恩來任政務院（國務院）總理。

在港的九龍關支關仍維持運作。 1950 年 2 月 25 日，新政府接管中國海關，在本港設立"九龍關稅務辦公署"。

1950 年 10 月 1 日，出版界慶祝國慶，三聯書店代表演唱《東方紅》時，500 餘人一致和唱。

同日，赴東北觀光，讚頌人民政府之三光布廠副經理，被當局勸令離境，並赴澳門。

1951 年 1 月 7 日，青年藝術工作者黃永玉之木刻及畫展，在遮打道思豪酒店舉行。

1952 年 5 月 19 日，當局邀請包括陳公哲、徐敬濱、衛聚賢，以及韓江考古家饒宗頤，策劃在籌建的大會堂博物館。

1954 年 7 月 1 日報章刊載："總理周恩來乘美製印度航機，由仰光經港赴廣州。在啟德機場飲'美帝'汽水，吃火腿蛋早餐和飲香檳。"報導的語句頗為偏激。

1955 年 4 月 16 日，偕夫薛覺先回廣州之唐雪卿在廣州病逝，而薛氏亦於 1956 年辭世，夫婦皆為粵劇名伶，兩者合演最膾炙人口的粵劇是《嫣然一笑》。

請寫信先生代寫家書的新移民青年，約 1955 年。

香港仔的艇戶，及往來港粵的"大眼雞"帆船，約 1960 年。

默默向上游

　　同年 9 月 23 日，另一對名伶馬師曾及紅線女，亦離港赴大陸，紅線女於離港數日前仍在拍攝電影《胭脂虎》。

　　1955 年 3 月 17 日，前國民黨"剿匪總司令"衛立煌，遺下子女返回大陸，屏山唐人新村住宅亦交還業主。同年 8 月 28 日，另一前將領"虎賁將軍"余程萬，在唐人新村被槍擊斃命。

　　1956 年 5 月 25 日，由 63 歲的梅蘭芳率領之"中國戲劇代表團"，過港往日本演出。

　　1956 年 6 月 21 日，"中國民間藝術團"抵港，在北角璇宮戲院演出，有京劇、歌唱及民間藝人表演。周小燕演歌包括《康定情歌》、《繡荷包》及《百靈鳥你這美妙的歌手》等多首著名民歌。周小燕被譽為"中國之鶯"，其父是有名的"音樂瘋子"周蒼伯。8 月 1 日，藝術團移師長沙灣的仙樂戲院獻藝。

　　1960 年，內地攝製，由馬師曾及紅線女主演的電影《佳偶天成》在港上映，有 40 萬人入場觀看。

往來粵港兩地的艇戶，中環天星碼頭旁，約 1950 年。

位於下亞厘畢道近雪廠街，剛開幕的"港中分科醫院"，1950 年。

　　1948 年 3 月 1 日，富商律敦治先生 (Jehangir Hormujee Ruttonjee) 捐出港幣 50 萬元，籌建一間肺病醫院。同時，防癆會向當局申請撥用，位於灣仔醫院山上的海軍醫院，改作律敦治防癆醫院，於 1949 年開幕。

　　1949 年，各區的公立醫局，陸續由政府接辦。計有位於港島的香港仔、灣仔、中區、筲箕灣、赤柱的醫局，以及貝夫人健康院、夏慤健康院、國家醫院門診部，還有灣仔位於石水渠街醫局的留產所。

　　九龍區的醫局有深水埗、油麻地、紅磡，以及尖沙咀衛生站。

　　新界則有大埔、元朗、長洲、大澳、沙頭角、西貢、青山新墟，和粉嶺的何東醫局。

　　而位於雀仔橋的西營盤（國家）醫院，設有日夜門診至晚上八時，以方便市民。

　　位於下亞厘畢道之港中分科醫院，於 1950 年 1 月 1 日開幕。創建於 1903 年，而在 1949 年被軍部徵用之馬鐵達（明德）醫院，於 1950 年 6 月解徵，交還原主。

由新街望皇后大道西"雀仔橋"及正中的"西營盤賽馬會診所"（原"國家醫院"），1992 年。
有五個窗口處為一啟用於 1911 年，方便病人的地下公廁，現已停用。

默默向上游

　　1950 年，公立醫院及醫局門診需收費 1 元，導致不少市民轉往免費之東華三院求診。為消滅"黑市"輪位，三院實施在病人手背上蓋印之辦法，求診後設肥皂水將印洗去。另一處為貧苦者義診的是修頓球場內之貝夫人健康院。

　　當時，有五男三女在九龍醫院門診處"炒"候診證，各被判罰 20 元或入獄七日。

　　1951 年 8 月 28 日，港督葛量洪 (Sir Alexander Grantham) 巡視高街精神病院後表示，以往病者如來自中國，則會被遣送回廣州芳村醫院的措施已不能實行，故決定在新界青山 (屯門) 廿一咪石附近興建新精神病院，1954 年動工，1957 年落成。

　　1952 年 10 月 28 日，英國根德公爵太夫人 (Grand Duchess of Kent)，為贊育 (產科) 醫院新院奠基，1955 年 6 月 13 日由港督揭幕。

　　1954 年，用已故痳瘋病專家麥士華醫生命名的喜靈洲"麥士華紀念醫務所"，於 1 月 16 日開幕。該醫務所共收容病人 300 多名，島上共有痳瘋病人村六座及兒童村一座。治癒之病人，與常人無異，共 20 多人被派往坪洲，及大嶼山之"大白"及"二白"等山區，從事農林及畜牧等工作。

　　同年 10 月 21 日，西營盤國家醫院的街症診療所前，多名孕婦大打出手，因為瑪麗醫院留產者需在國家醫院作產前檢查，人數太多及擠迫引起紛爭。

　　其鄰近位於醫院道的新贊育醫院，落成時規定只接收中西區的孕婦，到了 1956 年 5 月，該限制取消。

"船頭官"（海事處），約 1965 年。左方的李寶椿大廈內有 "港口衛生處" 的辦公所。

默默向上游

　　1956 年 6 月 6 日，位於黃竹坑香島道，警察學堂側之葛量洪醫院開幕。同年，廣華醫院進行建築 12 層高的新廈。

　　國家醫院亦於 1956 年獲馬會資助重建，1958 年落成，易名為 "西營盤賽馬會診所"。

　　1958 年 5 月 5 日，醫務署屬下，可施小手術的水上診所 —— 輪船 "慈航號"，開始在海下、塔門、蜑家灣、交流灣、赤徑、荔枝莊、深涌、烏龜（溪）沙、馬鞍山、企嶺下、鴨洲、吉澳、橫嶺、西徑、三門仔等新界及離島區提供服務。

　　說到衛生方面，香港於 1950 年代，仍維持二十世紀初起實行 "洗太平地" 的防疫舉措，即將整座樓宇清洗，由被稱為 "老鼠王" 的市政衛生局人員入屋逐房檢查和糁灰水，每年一次，市民視為苦事。當時的香港被不少人投訴為 "屋小人擠、天井弄炊、里巷污穢，以及由樓上擲垃圾落街" 而成為污點，洗太平地有其必要。

　　1954 年，當局因水荒決定停止洗太平地一年。到了 1955 年中，市政局宣佈，除非發生嚴重疫症，今後不再洗太平地。

　　當時市民的居所大部分為舊木樓，木虱（臭蟲）為患令市民困擾，成為夏夜的噩夢。

　　這些木樓只有廚房，沒有廁所，更遑論水廁了，所以清糞成為一大課題。

　　1952 年，市區有四萬層樓設有馬桶，由 1,300 名清糞人員處理。糞便的小部分由農務署撥予新界農民作肥田料，其餘則置於密封之糞池，經過 28 日，使有害之病性機體消滅，亦作肥田料用途，大部分則用躉船運往大海傾倒，使其沖出公海。

市政衛生局（市政事務署的前身）之清道夫和手推垃圾車，約 1950 年。

　　1954 年，當局改用新型糞車，以改善市民的家居衛生，以及加強肥田料的清潔程度。

　　其實，為應付市民的需要，不少改建的公廁及新公廁陸續落成。一座最潔淨位於中環街市，面向租庇利街的公廁，於 1949 年中被改作外籍人士專用，並設一紅字 "西人廁所" 的燈箱招牌，引致全港華人譁然及不滿，華人革新會並召開會議力爭。

　　7 月 7 日，有關當局將招牌拆去，廁所又回復華洋人士共用的 "盛況"。

1950 年代中推廣，呼籲市民注重衛生清潔的 "平安小姐"。

皇后大道中與鴨巴甸街交界，約 1955 年。可見一個當時開始使用的垃圾桶。

1949 年的皇后大道中，右下方為中環街市與租庇利街之間，曾為 "西人專用" 的公廁，現仍運作。

和平後的 1946 年 10 月 21 日，香港大學復課，首先恢復文、理各科，學生須自攜輕便椅上課。

同時輔政司杜德 (Ronald Todd) 提請立法局通過，贈送 2 萬元予廣州嶺南大學，以表揚該校在太平洋戰爭期間，協助香港學生入讀該校。

1948 年，鑒於荷李活道與士丹頓街之間的皇仁書院變成廢墟，當局在東區覓地供該校重建，臨時校址位於堅尼地道 26 號。淪陷期間，各著名學校除皇仁外，英皇及庇理羅士等學校的校舍及其他設施，以至圖書等，均受摧殘。

1949 年 6 月 29 日，廣州嶺南大學在港招生，於司徒拔道 15 號分校考入學試，該處後來成為嶺南中學。同年 10 月 18 日，廣州珠海大學設於香港的珠海書院招生。

香港大學的白銀製權杖，於淪陷時遺失，1949 年在英覓匠重製。該校之 38 屆畢業禮，於 1950 年 3 月 2 日舉行，由港督頒授學位，畢業生 96 名，一名為碩士。

1950 年 5 月 22 日，港督為銅鑼灣皇仁書院新校舍奠基，同年 9 月落成啟用。位於般咸道之英皇書院，亦於戰時遭破壞，需進行修復工程。同時進行修復的還有灣仔峽道（後來併入皇后大道東）的 "漢文小學"。

位於西營盤，有 85 年歷史的 "漢文男校"，後來發展為 "官立漢文高級中學"，於 1950 年 7 月 28 日，易名為金文泰中學。

1950 年 6 月 9 日，開辦已有四年，位於跑馬地樂活道的培僑中學，舉行 "教、學、做" 展覽會。

於淪陷期遭破壞的香港大學本部大樓，約 1946 年。

堅道，2013 年。吊臂車旁位於 147 號樓宇的地段原為崇基學院及聯合書院所在。

　　1951 年 7 月 28 日，中學會考放榜，合格者 399 人。成績最好的學校有：皇仁、華仁、庇理羅士女書院、聖保祿女書院、聖心女學校、聖約瑟書院、聖保羅男女合校、聖士提反女校、瑪利諾女書院及英華女書院等。

　　1952 年 7 月 29 日，一年前成立的崇基學院，新生取錄放榜。該校設於堅道 147 號，招收欲再深造之中文中學生，設有以中文教授之中國文史學系、外國語文學系、商業管理學系及社會教育學系。院長為李應林，1955 年為凌道揚。該學院亦設有免費夜小學，供清貧兒童入讀，上課地點除堅道校址外，部分時間亦會在己連拿利現明華神學院所在上課。夜小學開辦至 1955 年為止。

　　1953 年，教育司署遷往政府山上的法國傳道會大樓。

　　同年 3 月 28 日，天光道鄧鏡波工業學校，由港督行啟鑰禮。

　　1953 年的下年度，香港大學不招生，因學生太多要停一年，高中生要多讀一年書。繼英皇喬治五世及六世後，女皇伊利沙伯二世亦允任香港大學之贊助人。

　　同時，教育界認為香港應設中文大學，效法新加坡之南洋大學。

　　1955 年 7 月，位於灣仔活道的“香港工業專門學校”招生。1956 年 2 月 21 日，其紅磡新校舍由港督奠基，於 1957 年 11 月 13 日落成啟用，灣仔校舍遷至此。

位於窩打老道與界限街交界的瑪利諾修院學校，約 1947 年。

半山學校區的合一堂（左）及英華女學校，約 1935 年。

23. WANCHAI DISTRICT, HONG KONG

位於灣仔道（右）與莊士敦道交界，由二號警署改裝的救世軍學校位於正中。

上"珠算"（學打算盤）堂的學生，約 1953 年。

約 1955 年，望夫山及沙田，正中馬料水的山段後來興建了中文大學。

　　1955 年 7 月 12 日，崇基學院舉行第一屆畢業典禮，由港督夫婦主持。畢業生四系共 42 人。而該學院位於新界大埔道十一咪，馬料水之新校舍，由港督於 1956 年 11 月 24 日行啟鑰禮。為配合該校及烏龜（溪）沙青年新村，九廣鐵路於 1955 年在馬料水設一新車站，4 月 1 日啟用。1969 年易名為大學站。

　　1956 年 1 月 17 日，立法局議員律敦治 (Jehangir Hormujee Ruttonjee)，為蒲台島上的第一間小學行開幕禮，該校可容學生 70 人，而該島有人口 1,700。

　　1956 年 6 月 24 日，香港浸會書院（同一報章版面的該校新聞稿，則為 "香港浸會學院"）登廣告招生。該校設有文史系、外國語文系、社會教育系、數學系及土木工程系，辦公處設於培正中學。

　　同年 7 月 30 日，由珠海、香江、廣大、文化、華僑、港僑及平正，共八間院校組成的聯合書院招生。稍後，珠海和香江退出。9 月，聯合書院在堅道崇基學院舊址及九龍新亞書院上課。聯合書院的院長為蔣法賢。

　　九龍塘的喇沙書院於 1932 年 1 月 6 日揭幕，1949 年被英軍方徵用作第三十三總醫院。港府在巴富街蓋搭木屋，供該校上課。喇沙校舍於 1957 年解徵。

　　1958 年 3 月 22 日，新亞書院在農圃道 6 號主辦哲學講座。新亞後來亦遷至此。

由擺花街東望威靈頓街，約 1953 年。右方可見一育藝小學和英文專科夜校。當時不少學校是設於民居的木唐樓。

在街頭吃零食的女學生（右），約 1960 年。

1950 年代後期，小學學額嚴重不足，投考官立小學一年級者，十人中有九人落選，因有 10 萬人爭 9,000 個學額。

1959 年 3 月 7 日，訪港之英皇夫愛丁堡公爵 (Prince Philip, Duke of Edinburgh)，參觀紅磡工業專門學校；該校後來易名為紅磡理工學院。

1959 年 12 月 14 日，崇基、新亞及聯合三間專上學院，組成 “統一畢業考試委員會”，半年後舉行 “統一文憑考試”，為成立中文大學鋪平道路。而中文大學於 1963 年 10 月 17 日成立。

1960 年度的小學會考，於 5 月 16 日開始，成績優異者可獲免費中學學額，普通成績者可獲中學學額，獲取者共約有 3,000 名。

當時香港的補助專上學院為崇基、新亞及聯合。而私立者則為浸會、嶺南學院、珠海及香江等。

香港大學是當時唯一的大學，畢業生是天之驕子，公私營機構及各大華英銀行商行皆樂於聘請。而中學畢業生亦頗優越，可當公務員或商行之文職，生活已有保障。

上述提及之院校，除中文大學外，紅磡理工學院、浸會學院及嶺南學院皆於 1994 年升格為大學。

約 1960 年的佐敦道，正中廟街口一座住宅大廈內設有英文書院。

第十四章 通訊、廣播與報章

通訊、廣播與報章

默默向上游

香港五十年代社會影像

1940 年代後期，本港與及對外的通訊已逐漸發展。

1948 年 4 月 1 日，香港與澳門間的電話，正式通話。

1949 年 11 月 10 日，港九接往荃灣的電話開通、首三分鐘收費 3 毫，荃灣地區字頭為 "90" 或 "91"。而元朗的電話服務於 1950 年開始，首兩部電話設於 "元朗商會議事廳" 及 "合益公司"，每次收費 3 毫。半年後，元朗的電話服務才趨於普遍。由當時起，本港接往新界的電話，要先撥 "0" 字。

1950 年 10 月 1 日，開始實行遇到緊急意外事故，撥 "999" 電話號碼召警的措施。

長洲的電話局於 1951 年興建，1952 年初通話。

1952 年 2 月，由大東電報局提供的無綫電傳真開始啟用。

同時，電話公司的新接綫機，以及二萬部電話由英運抵香港，解決了電話荒。東區的電話全部改為 "7" 字頭。

1953 年 1 月 3 日，警方開始使用 "無綫電傳字機"（Telex），一人打字即可達港九新界各站。（在 "傳真機"（Fax）通用之前，Telex 為主要的傳訊工具。）

同年的 11 月，沙田電話開通，每三分鐘收費 3 毫，與早前通話的大埔相同。兩個月後，上水石湖墟電話開通。

1954 年，設於街道的公用電話，每次收費 5 毫，市民認為太昂貴。同時，消防局長公佈，由於 "999" 緊急報警電話已普遍使用，設於各街頭的 "火警鐘"，於 4 月 1 日起停用。

由雪廠街西望德輔道中，約 1958 年。左中部的士前方的樓宇為電話公司所在的"交易行"，稍後易名為"連卡佛大廈"。

ALTHY CENTRE OF HONG KONG
483

1951 年的中環銀行區，可見即將平頂的中國銀行大廈。左方第二座是剛落成，大東電報局（Cable and Wireless）及香港電台所在的水星大廈。

1958 年，中區 2,000 戶電話改新號碼，由五個字改為六個字，西區為 "4" 字頭，尖沙咀為 "6" 字頭，電話荒逐漸舒緩。

和平後，提供無綫電波廣播的香港廣播電台（香港電台），是由郵政司管理，台址設於德輔道中告羅士打行二樓。當時的英文台為 ZBW（八四五千周波）、中文台為 ZEK（六四〇千周波）。到了 1951 年 4 月 5 日，電台遷往位於干諾道中，剛落成的 "水星大廈"（現中國建設銀行大廈所在）的六、七樓。

1951 年的廣播時間為每日七小時。同年 9 月 10 日，改為由正午十二時三十分起至二時止，晚間由六時起至十二時止。12 月 25 日起，提早於上午八時啟播，但星期日則為十二時起。

當時，一部 "膽機"（電子管）收音機價格約為港幣 200 至 400 元，須用長電線連接安裝於天台的天線，才能接收，花費不菲。另需繳交牌照費每年 20 元（按 1951 年，一般普羅工人的月薪約 50 至 70 元）。

早於 1947 年，英國廣播事業公司，與港府接洽設立有綫廣播電台，宣稱市民不需購置收音機即可收聽，在港屬首創，在歐洲則已十分盛行，名為 "麗的呼聲"（Rediffusion）。

台址設於灣仔軒尼詩道與軍器廠街交界（熙信大廈現址）的麗的呼聲，於 1949 年 3 月 22 日啟播，分別有 "銀色台" 的中文台及 "金色台" 的英文台。廣播時間由早晨七時起至晚上十二時，中間無歇。月費為 9 元（稍後加至 10 元），安裝費 25 元，電台提供一木箱收音機。

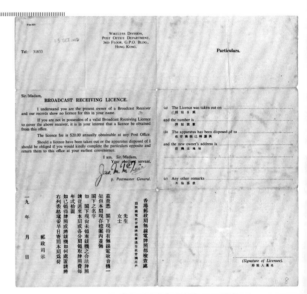

郵政司向收音機用戶追收牌照費的通告，1950 年。

街頭的原子粒收音機攤檔，約 1968 年。

WAN CHAI, HONGKONG

1953 年的大佛口軒尼詩道。左方是位於與軍器廠街交界的麗的呼聲電台，1960 年代後期改建為熙信大廈。
右下方《女兒心》的廣告前可見一座第一代的公用電話亭。

麗的呼聲電台的特寫照和
廣告，約 1950 年。

其節目內容，有婦女兒童節目、跳舞音樂、世界最新消息、商業行情、故事講述等。又從廣州邀請李我先生講述"天空小說"《黑天堂》。他的另一小說《鬼屋》，內容有侮辱中外新聞記者之處，後要登報道歉。

1950 年 6 月，麗的呼聲的聽戶，已超過 32,000。兩年後增至 5 萬多。該台於正午十二時，提供香港證券交易所的上午行情簡報。

1954 年，麗的呼聲伸展至新界的荃灣、上水、元朗及粉嶺等地。同時，有人在報章呼籲停播該台"恐怖鬼話"之節目《夜半奇談》，因曾發生兒童"白日鬧鬼"之事。

1954 年，一間"佐德有限公司"，代理了香港亦可收聽的，澳門"綠邨廣播電台"的一切業務。當時李我的天空小說亦在綠邨電台播放。

1955 年 12 月，播音員鄧寄塵在麗的呼聲廣播諧劇《剃死人頭》被投訴，要向理髮業職工總會、港九理髮同業商會，暨全體理髮業全人道歉。

同時，麗的呼聲進行試驗有綫電視廣播。

1956 年 2 月 2 日晚上，香港廣播電台及麗的呼聲，聯合舉辦濟貧點唱節目。

2 月 23 日，立法局通過，為改進廣播事業，決定另設一無綫商業電台，因可宣傳工商業，而政府電台賣廣告則有損尊嚴。

當時香港廣播電台的節目，較著名的有：《福爾摩斯探案》、《女飛賊黃鶯》，以及《古典音樂介紹》、《南音演唱》等。

仍為海旁馬路的告士打道的垂釣人群，1960 年。左方是灣仔警署，
正中最高，頂端有 "R" 字的是麗的呼聲大廈（現富通大廈所在）。

在該期間，麗的及港台播音員曾讀出"波羅'嘅'海"（波羅的海）及"降落'遮'"（降落傘）等"名句"，被報章及文化界瘋傳。

1956 年 7 月 25 日，立法局首讀許可有綫電視廣播的新法例。到了 1957 年 3 月 6 日，麗的呼聲獲發牌開辦，於 5 月 29 日啟播，為所有英國殖民地之首，電視台名為"麗的映聲"。廣播時段由下午五時至十一時，星期六、日則由下午二時至十一時。

電視月費為港幣 55 元，機租 20 元，安裝費 25 元，政府牌照費為每年 36 元。1958 年底，有用戶 2,500。

香港廣播電台於 1928 年 6 月 30 日成立，為慶祝成立 30 週年，於 1958 年同日開始，一連廣播三天。

當局亦嚴厲管制收音機，嚴查無牌聽戶，根據售賣收音機的店舖追查。而屋外（屋頂）天綫不得高過 100 呎。

1958 年 10 月 20 日，麗的呼聲出售大佛口的台址，購入告士打道"六國酒店"東鄰的金城戲院，改建為麗的呼聲大廈（現富通大廈所在），作為電台及電視台址。其電台有"銀色台"及"金色台"的中文頻道，以及"藍色台"的英文頻道。

同時，"原子粒"（半導體）小型收音機開始流行。

1959 年，設於荔枝角的"香港商業廣播電台"啟播，皇牌節目有李我的天空小説，以及《雷克探案》等。還有陳湛銓先生的《國學講座》。配合原子粒收音機的方便接收，該台瞬即被市民接受。

整個五十年代，除看電影或"大戲"（粵劇）外，"聽收音機"（電台廣播）為最大眾化的娛樂節目。

界限街瑪利諾修院學校旁，一部麗的電視車輛，約 1965 年。

1946 年的中文報紙有：《華僑日報》、《星島日報》、《工商日報》、《華字日報》、《華商報》、《先導日報》、《果然日報》等。

　　英文報紙則有老牌的《德臣西報》(《中國郵報》) 及《南華早報》。

　　1947 年 5 月 22 日，三家黃色小報：《聲報》(又名《風流》)、《醒報》，及《斯文》，犯誨淫罪，各被判罰 250 元。

　　1948 年 3 月 15 日，《大公報》經歷日治時期後復刊，社址為利源東街 15 號，1950 年遷往干諾道中 113 號。同年 9 月，《文匯報》在港出版，社址設於荷李活道 30 號，標榜"不說假話、不顛倒是非"。

　　當時一份《華聲報》同時出版。

　　1949 年出版的報紙，2 月份有《華文政府新聞報》，及《聞摘晚報》，每份均售 5 仙。

　　3 月 1 日，星島集團的《英文虎報》創刊。8 月 3 日，《英文自由雜誌》刊行，宣傳為中國唯一中立、新聞性之英文刊物。

　　8 月 4 日，《香港時報》出版，社址位於告士打道 66 號，即今日"六國酒店"西鄰。

　　1950 年的報紙，還有《掃蕩晚報》、《紅綠晚報》、《新晚報》、《海報》、《中聲晚報》、《內幕觀察報》、《自然日報》、《伶星日報》、《呼聲報》、《真欄日報》、《鐵報》及《新生晚報》等。同年，《益世報》出版，社址設於堅尼地城海旁 23 號。

香 港 五 十 年 代 社 會 影 像

默默向上游

由皇后大道中望雲咸街，約 1940 年。正中是南華早報大樓，現時是南華大廈所在。

　　1952 年 3 月 1 日，由廣州打算來港，慰問東頭村火災災民的慰問團，在羅湖被拒入境，導致往尖沙咀火車站"迎親人"的羣眾，在九龍與警察發生衝突，為有名的"三・一事件"。

　　5 月 6 日，香港高等法院以"文字煽動罪"，判報導此新聞的《大公報》停刊六個月。同時，《香港商報》出刊。

　　較早時的 3 月 22 日，《大公報》之費彝民、《文匯報》之溫志英、《新晚報》之翁兆芬及承印人李察鮑等七人，曾被控刊登煽動性文字。

　　到了 7 月 1 日，法庭將《大公報》停刊六個月的判決撤銷，將已停刊的12 天以作替代。

　　1952 年，《今日世界》雜誌出版，當中最為人熟悉之一的特色，是每期均刊登由高寶小姐繪畫的美觀插圖。

　　1953 年，報導麗的呼聲節目動態的《麗的呼聲日報》出版。1954 年，《鏡報》出版，開隨報送彩色明星照片先河。

　　1950 年代，不少中英文報社皆位於中上環區，報紙的批發中心是位於利源東街口的一段皇后大道中，每天晨早的五、六時，已有大批報販在街上，摺疊和併合一份一份報紙，然後運往報攤銷售。

　　1958 年時的主要日報有：《華僑日報》、《星島日報》、《工商日報》、《香港時報》、《成報》、《大公報》、《文匯報》、《香港商報》、《超然報》、《先生日報》、《紅綠日報》、《環球報》、《晶報》、《國華報》、《越華報》及《大華報》等，還有被稱為小報的《響尾蛇》及《響尾龍》。

DES-VOEUX ROAD C. HONG KONG

由德忌利士街西望德輔道中，約 1952 年。右方可見工商日報社，左方人力車旁是利源東街。

表現"頂上功夫"的女報販，約
1960 年。

　　至於晚報則有：《華僑晚報》、《星島晚報》、《工商晚報》、《真報》、《新生晚報》及《新晚報》。

　　1959 年出版的報紙有：《新報》、《明報》及復刊的老牌報紙《循環日報》。

　　1960 年的新報紙有《銀燈日報》、《明燈日報》及《天天日報》，皆為彩色印製。

　　當時的報紙售價為每份 1 毫，"大報"如《華僑》和《星島》，以及英文報如《德臣西報》和《虎報》均售 2 毫，《南華早報》則售 3 毫。暢銷的《成報》早期售 5 仙，五十年代末亦售 1 毫。

　　每日下午，報販會將兩份報紙併摺在一起，以 1 毫減價促銷，稱為"拍拖報"。"拍拖"的形式多為一"左"（如《大公》、《文匯》等）、一"右"（如《工商》、《時報》、《真報》等），但以"中立"的《成報》，和"左"報的《晶報》最受歡迎。

　　不少報紙以"藝文"版吸引讀者，如《大公報》的"文采"版、《星島》由葉靈鳳主編的"星座"版，及鄭郁郎的"眾星"版均有很高的水準。梁羽生（陳文統）及金庸（查良鏞）的武俠小說，亦吸引了大量讀者。

　　很多報紙於五十年代中舉辦有獎填字遊戲，令街頭的舊書攤多了一批"引經據典"的顧客。

由昭隆街西望皇后大道中，約 1953 年。正中是利源東街口的《週末報》，左方是生活・讀書・新知書店（三聯書店）香港聯合發行所。

被稱為"報紙街"的利源東街，1962 年。正中可見一"報社"的招牌。

和平後的 1946 年，物資缺乏，市民須領取被稱為 "米證" 的 "購物證"，憑證向個別指定商店公價購買米、油、糖、柴、奶類等物品。當年有 95 萬配米人口。當時的米價為每斤 2 毫至 2 毫半。

翌年的中秋節，當局額外配米，每人三斤半，每斤 4 毫，米種為埃及米。

1948 年，憑出生證可每兩天獲配購嬰兒煉奶一罐，配售地點為先施、永安、大新及中華等四大百貨公司和各辦館，當時的煉奶為鷹嘜、壽星公、牛車牌及四牛牌。持有 "牛油配給證" 者可在連卡佛及牛奶公司配購牛奶一磅半，每磅 4 毫。

當局亦沿用日治時期的漁業統營制度，所有漁獲需依據 "魚類統制令" 之限制，一律交予魚市場，由競買人投買。港島的魚市場設於堅尼地城，1951 年遷往香港仔。九龍則設於油麻地果菜市場旁的東莞街，拍賣時間為晨早五時至下午三時。

1949 年，曾有一個 "蔬菜統制市場" 設於軍器廠街口，1950 年代中停業。

1950 年及 1953 年，政府兩度改發新購物證，由工商署發出，1953 年的新證需憑身份證申領。當年共有 50 萬戶（約 220 多萬人）領證。

可是，在同年的 7 月 25 日，港九已作最後的一次配米。8 月中，政府亦放棄經營食米，至此，自戰後實施九年之配米宣佈結束。其實當時市面之米糧價格因存貨充足而低於公價，公米配購者甚少，經營米站之糧食店有不少是虧本者。1954 年，當局放寬白米入口限制，由以往的每月一萬包（每包 174 斤）提升至三萬包，同時亦放寬入口米商的名額，由 16 家增至 29 家，宣佈後米價更平。當局着市民要珍存米證以備萬一，但實際上米證以後再無任何用處。

西營盤第二街與正街間的西營盤街市和街頭小販，約 1953 年。

位於閣麟街 36 號義和隆米業公司（該座舊樓現仍健在）的現沽單。1952 年，每包（稱為"藍線包"）內有 174 斤上等白米，以每斤 9 毫計，共銀 156 元 6 毫。

被稱為"米證"的"購物證"，1953 年的版本。可見居於羅便臣道的戶主已配購公價白米五次，米店則位於堅道。

由皇后大道西上望正街的路邊市集，約
1955年。中上方是第二代西營盤街市。

1950年前後，大量包括北京、天津、上海、湖南、福建等，稱為"外
江"，即廣東省以外之食肆在港開設，大部分為內地資本者。

著名的有：綠楊邨、聚春園、美利堅、大鴻運、五芳齋、曲園、南園、
會賓樓、錦江、喬家柵、老正興、三六九、雪園、豐澤樓、一品香、厚德
福等酒家菜館，以迎合大量由內地各省來港的人士。

這些食肆供應京、川、滬、湘、閩等菜式，連同粵菜，本港的南北食
肆發展，可用"百花齊放"來形容。早於1949年，已有一"上海飯店"運來
洋澄湖清水大閘蟹應市。

為迎合日益眾多的上海人，北角、九龍城及紅磡等地，有不少臭豆腐、
油條及豆漿等上海食品的檔販。

1946年，政府在港九多個指定地段，供新舊熟食小販擺賣，當中不少
為大牌檔。原因是當時生活困苦，政府藉此提供廉價膳食予市民，與及提供
工作機會。

大牌檔遍佈港九街道，但最集中的地點包括中環的士丹頓街、士丹利
街、急庇利街；灣仔的譚臣道、盧押道、柯布連道；九龍的廣東道、吳松街、
廟街、弼街及桂林街等。在1950年代，於大牌檔用3、4毫可以飽餐一頓，
大受歡迎。

但亦有位於上環畢街之大牌檔，出售蛇肉及狗肉，因售賣及吃狗肉均
屬違反法例，食客往往要"走鬼"(逃避警察拘控)。

"大光燈"（氣燈）照耀下經營的粥檔，約 1960 年的廟街。

接近皇后大道中的水坑口街，約 1953 年。果販的後方是當時的 "餐尾"、"雜碎" 或 "餿水" 售賣點。

此外，部分街頭亦有用 "水桶" 或 "火水罐" 盛載，販賣廚餘 (當時稱為 "雜碎"、"雜水" 或 "餐尾") 的小檔，花 2、3 毫可買一大碗餸菜，可是衛生條件則 "免問" 了。最集中的是上環水坑口街。

相反地，為了迎合大批南來豪客之喜好，不少夜總會在各大酒樓酒家內開設，當中包括中環的金城、大華、百樂門、天鵝、首都 (月宮)；銅鑼灣的豪華、櫻櫻園；北角的都城、雲華等。九龍方面則有尖沙咀的美麗華酒店、樂宮樓；旺角的瓊華及花都等多間。

和平後居住環境更加狹迫，1950 年代有大量市民改在酒樓酒家宴飲。當時最著名的有中上環之金龍、大同、中國、建國、銀龍、新光；石塘咀的金陵及廣州；灣仔的英京、六國、悅興及大成等。九龍則有金漢、大觀及金唐等。

1950 年代開業的酒店酒家有港島的仁人、月宮；灣仔的龍門、龍圖；北角的璇宮、麗宮、雲華及都城。九龍則有瓊華、花都及陸羽居等。

約 1941 年，有多間又名 "經濟食堂" 的經濟飯店，在上環荷李活道大笪地、灣仔修頓球場等港九多處開設，和平後，為普羅市民提供廉價飯餐。1960 年代起陸續結業，曾有人提議增加經濟飯店以取締大牌檔，但未獲接納。

1950 年代，"飲茶" 或 "品茗" 為市民的生活習慣，不少人 "一日五餐" 皆在茶樓或茶室解決者，包括：飲早茶、吃中午飯、"三點三" 的下午茶、晚飯、及飲夜茶。最匆忙的是早茶和中午飯，最愜意的是飲夜茶，坐在一臨窗卡位，邊看街景或報紙，一邊聽電台廣播，在風扇的習習涼風下，嘆其 "一盅兩件"，確是無以上之享受。

由擺花街西望威靈頓街，約 1965 年。可見一"頭頂托盤"運送伙食的工人，左方是位於 88 號的老牌酒莊醴泉酒帘。

正售賣年晚煎堆及糖果，一家
西區茶樓的門市，約 1960 年。

連同於戰後新開張者，五十年代的著名茶樓茶室，計有中上環的得雲、
蓮香、陸羽、第一樓、平香、清華閣、添男、得男；灣仔的龍鳳、雙喜、
英男；油麻地的美化、雲天、品心、得如；旺角的雲來、龍鳳；以及深水
埗的大昌、有男等。加上不少只有一間舖位的"地踎"茶居，情況可用"五
步一樓、十步一閣"來形容。

因地產有價，茶樓茶居於 1960 年代起逐漸被拆卸重建而遭淘汰。

戰後的西餐廳，著名的有中上環區的美利權、安樂園、京都、威士文、
華翠閣、京華、占美廚房、紅寶石、惠安、蘭香室、馬來亞、大中華及太
平館等。

東區有茗園、美利堅、中央及皇后。

九龍區則有車厘哥夫、金鷹、愛皮西、銀宮及嘉頓等多間。

亦有設於酒店內者，如香港大酒店的鱷魚潭、半島酒店的吉地等。

上述西餐廳，由迎合達官貴人的高檔者，以至以普羅市民為對象者皆
有。亦有專營俄國菜者如：皇后、雄雞及龍記等。

大酒店的餐廳"茶潭"（鱷魚潭），有一羣"下午茶之戀"的"同道"（茶
客）。1950 年代中該酒店拆卸改建為中建大廈，茶潭結束，此等同道"望門
興嘆"，依依不捨。

中環鴨蛋街（永勝街，現已消失），一蛋店外有取集製造月餅用鹹蛋黃的工人，約 1960 年。

位於中環萬宜大廈及尖沙咀香檳大廈的紅寶石餐廳，有上佳的音響設備，不時舉辦音樂會，在此一面品嚐神戶牛柳，一面欣賞貝多芬、柴可夫斯基及德彪西等大師的名曲，為高尚的享受。同位於萬宜大廈的蘭香室餐廳，門市銷售 1 元十個出爐蛋撻，整天排有一條人龍，為中環一景。

位於電話大廈 (連卡佛大廈) 的威士文 (聰明人) 餐廳，於 1956 年結業，美心 (Maxim's) 餐廳於同年 12 月 3 日在該址開張。

除大餐廳外，各區皆有服務普羅市民的餐室、茶餐廳、咖啡室、飲冰室以至冰室等，以中西區的安樂園和被稱為 "蛇竇" 的樂香園較著名。

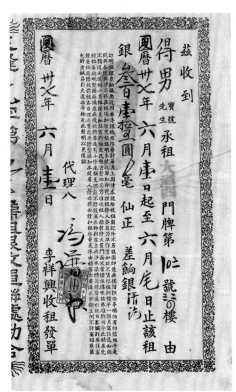

皇后大道西得男茶樓的租單，1948 年。
當時三層樓的租金為 315 元。

DoNG KingMan 曾景文

位於德輔道中連卡佛大廈，原威士文餐廳所在，美心餐廳的明信片，約 1960 年。

1950 年代初，因內地政權更迭、韓戰及美國實施禁運等因素，導致本港不少行業的起伏。

由於政府實施輸入貨物管制，及限制結匯辦法，南北行的生意大受打擊。

集中在上環文咸西街（又名南北行街），和附近街道的南北行商號，以經營藥材、白米及海味為主。這裏曾是香港的華人商業中心區，執經濟牛耳，因早期洋行只做外洋生意，如要與中國內地及東南亞一帶交易，則只有假手南北行。

樟木櫳雕刻師傅，約 1960 年。

在燈籠上繪畫的技工，約 1960 年。

街頭相士（睇相佬）用火水燈（煤油燈）照明看面相，被戲稱為"照田雞"（農人於晚間用煤油燈照射田雞（青蛙）使其目眩易於捕捉）。約 1960 年。

由於生意不前，南北行職員的薪金和店佣大幅縮減，以往由於生意興隆時，每間店舖僱用 10 多至 40 人，支付薪金亦成為各東主的頭痛問題。

另一受影響的行業為"金山莊"，因美國擴大限制中國產品入口而導致衰頹，該行業的商會"華安商會"曾尋求應對之策。

在韓戰禁運影響下，物資缺乏，"收買爛銅爛鐵"的行業卻興旺起來，當中分有收買商、收買店和收買佬。爛鐵立即可供使用或翻製的，稱為"上鐵"、沒用途但可作原料的稱為"中鐵"、需提煉的稱為"下鐵"，很多時單是收到部分是"上鐵"的已有厚利。

當時，亦有不少"收買佬"上門用錢或麥芽糖加餅乾，交換"爛嘢"或"舊嘢"。有時遇上沒成人在家的小孩，用好的東西來換，會"無端端發達"。

1950 年前後，不少名為浴室的上海澡堂在港九開設，包括灣仔的中央、華清、天泉、龍泉、老華僑，以及九龍的浴德池等，以迎合南來的眾多外省人。

1953 年，有若干間"結婚服務社"開張，主要為籌備"集團結婚"（集體婚禮），以適應當時的新風氣。當時的集體婚禮，一對新人只需花費港幣 60 元。

五十年代初，有約 100 間被稱為"薦人館"的職業介紹所在港九各區開設，大部分為店舖，亦有少部分為街邊攤檔者。多集中於港島的荷李活道、卑利街、依利近街、莊士敦道、駱克道，以及油麻地和九龍城區。

用秤來量重的果販，約 1955 年。

麵粉公仔製作師傅與兒童,約 1960 年。

　　每家薦人館皆貼有或懸掛大量不同顏色,各種職位空缺的紙條,分有女備及男工。

　　女備的工作分有:

　　"兩夫婦打雜"(處理男女主人的家庭雜務)

　　"帶姑仔乾腰"(照料女嬰及換尿布)

　　"使媽"(陪伴女主人,隨時應召工作)

　　"乾腰和較奶"(換尿布及餵奶)

　　"乳母"(哺乳,又稱為"奶媽")

　　"陪月"(照顧產婦及初生嬰兒)

　　此外,還有:"洗熨"、"煮飯"、"湊仔"(看顧小孩)、"一腳踢"(甚麼工作也要做) 等。最特別的是"鳳城阿姑",是指來自廣東順德,懂得烹調當地菜式的女備。

　　至於男工則多為司機、花王、看更及雜工等。由於當時有不少居於別墅式大宅的富戶,所以職位才需分工。當時亦有稱為"住年妹"、"幫年"的"見習女備",她們多為少女。

　　薦人館收取求職者掛號費 2 元,以及一部分首個月的薪金,若需擔保者又額外收費,所以薦人館經營者又被稱為"吃擔保飯"。不少薦人館又兼營介紹樓房買賣及租賃,一如目前的地產代理。

維修舢板的艇戶"夫妻檔"，約 1960 年。

另一新興行業為"私家偵探"，經營者多為前警務人員或前美軍情報機構高級人員。廣告標榜可解決各類糾紛、明查暗訪、絕對機密。"釘稍"（跟蹤），收費 1,000 元。

處理各類物資的拍賣行，於五十年代生意亦十分興旺。當時共有三間，分別為成立於 1858 年，位於畢打行地庫的"欖勿兄弟拍賣行"、皇后大道中 5 號，法國銀行地庫的"蘇沙拍賣行"，以及莊士敦道的"王子仙拍賣行"。

1954 年，豆類食品"腐竹"需求頗大，新界有不少工廠和作坊。規模最大者是位於元朗的李祥和、富隆正記、大同興記及勝利興的四間工廠，其餘多為腐竹寮，或以三數百元小本經營家庭副業式的作坊。精於"扯腐竹"的師傅為主導。每擔（100 斤）黃豆可製成腐竹 50 斤，是"對本對利"（即 50% 利潤）的生意。

腐竹製成品中，最上品的是"三角竹"，其次是"二竹"，到了"三竹"已不是張開者，而是"圓枝竹"，最低下的是"甜竹"，為凝固於底下的濃液凝成。

當年另一熱門行業為"包伙食"，供應午飯予各寫字樓（辦公室）職員。經營者有包辦筵席館、飯店，亦有不少家庭式的作坊。

男女工人將"三餸一湯"連同白飯，用托盤盛載置於頭頂，或布包、籐籃載用"擔挑"（竹竿）擔抬，浩浩蕩蕩，穿梭於各商業大廈的華洋商行。登堂入室、穿房入舍，尤以中環銀行區最為"壯觀"。一些"初來埗到"的"老外"，見此"奇景"亦"為之側目"。

此現象一直維持至 1971 年。俟後當局決定"取締包伙食"，並鼓勵上班一族改吃"飯盒"，這行業才告式微。

由皇后大道中望砵典乍街，約 1958 年。正中是鏞記酒家，前方可見一"擔飯"（挑運伙食）的婦人。

回說“家庭作坊”，當時有不少設於住宅樓宇內的“山寨”式工場，以“加工”為主，如穿塑膠花、縫衣、縫手套、織毛衣等。亦有“外發”給人完成工序者，不少家庭是一家大小努力“加工”以賺“外快”。

亦有不少人刻苦工作以獲酬勞。如上門抹 (清潔) 電話、兜售馬票，及往茶樓賣物等。街上亦有不少擦鞋童、磨刀匠、熨衣婦，以及替婦女理髮和“線面”(用線清除面毛) 的女性美容師等。

當時市民的收入低微，捉襟見肘時便往當舖 (押店) 當押物品以獲現金周轉。根據 1959 年的統計，共有押店 80 多家。由於押物的利息十分高昂，仿如“五雷轟頂”，所以當舖又被稱為“雷公轟”。

1950 年代末，工業蓬勃，吸引了大量女性在工廠工作，形成“女傭荒”。因打“工廠工”沒有“住家工”(女傭) 般“困身”，只有年紀較大，不適合在工廠工作者才當女傭。

“女傭荒”導致部分女傭要求頗多，除了較高的薪酬外，還要有工人房和“麗的呼聲”有線廣播。家裏有“雀局”(打麻雀耍樂) 時由她“抽水”(抽取服務費)，並要由她“買餸”，因可“打斧頭”(剋扣“買餸錢”)，又要有時間“睇大戲”(看粵劇) 和逛街。在大戶人家工作的女傭需穿“白衫黑褲”唐裝，不少“打西人工”的女傭更被視為“高人一等”！

另一熱門為“大眾秘書”的“街頭寫信佬”，其所獲發牌照的種類是“Letter Writer”。代寫家信收 5 毫。一封英文信手寫收 1 元、打字收 1 元 5 毫，或需一天後才可交卷，因要幕後槍手代勞。還有代寫招牌大字者，論尺計價。

擦鞋童，約 1950 年。

補鞋匠，約 1955 年。

委託街邊寫信先生代寫家書的"媽姐"（女傭），約 1950 年。

接寫招牌大字及製作屏聯喜帳的街檔，約 1965 年。

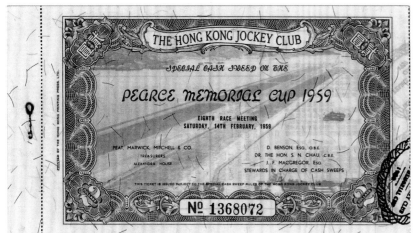

1959 年的春季皮亞士杯大賽馬票。

這些"秘書"集中於中環的卑利街、荷李活道;灣仔的莊士敦道;以及九龍的雲南里及南昌街一帶,亦有位於大笪地及各郵局旁者。多有一個甚麼"樓、堂、軒、齋、館"的招牌。

光顧者以女客為多,亦有要求代填政府表格、代寫英文信,甚至情信的男士。

另一容易"創業"的特殊職業為"賣馬票",部分金銀找換店也兼營。每張 2 元的馬票,升水 1 至 2 毫出售。

但最活躍的是"馬票女郎"(部分為男士),她們往馬會發售處(中環皇后行及德忌笠(己立)街 5 號、北角英皇道,及彌敦道 382 號)購得馬票,往各茶樓酒家兜售。亦有工會或社團的交收員兼售馬票,曾有一珠寶工會收費員售予一金舖東主的馬票獲中頭獎,該收費員獲"打賞"數千元,足以購一層樓宇安居。

馬票一年開彩三次,分為春季的皮亞士杯、夏季的打吡或董事杯、秋季的廣東讓賽(1950 年之前是雙十節賽馬)。

開彩辦法是先用攪珠方式抽出約 100 個"入圍獎"號碼,每票可獲獎金約 1 萬元,再在入圍號碼中抽出若干個號碼,配在大賽之出賽馬匹上,冠亞季軍即為頭二三獎。除大馬票外,還有開彩次數較頻密的"小搖彩"馬票。但因頭獎彩金只有約十萬元,市民興趣不大。

五十年代,中馬票頭獎為普通市民的畢生夢想,令賣馬票之"職業",歷久不衰。

約 1953 年的跑馬地看台和新電算機（左）。

沿門 "唱龍舟" 討賞錢的街頭藝人，約 1960 年。

和平後的 1947 年，香港已着重旅遊事業的發展。自當年起，多間酒店陸續開張 (大部分落成於 1950 年代)，包括：中環干諾道中的新光、東區銅鑼灣道的國泰、高士威道的灣景及華都、怡和街的勝斯等。

九龍彌敦道的星光、新樂及南國、金馬倫道的國際、窩打老道的四海迎賓館，以及太子道的太子酒店等。

新界的則有大埔道的華爾登，和青山道 (公路) 的容龍別墅及青山酒店。

於 1948 年復辦，作為 "節日購物盛事嘉年華"，的第六屆 "中國貨品展覽會" (工展會的前身)，於 11 月開幕時，亦強調 "着重招徠海外遊客"，主辦機構廣發請柬予南洋、澳洲、遠東、近東及南非等地的遊客。該屆展場亦一如戰前，設於尖沙咀旅遊區半島酒店旁，現喜來登酒店的地段。

同年的端午節，包括香港仔、西環、赤柱、北角、油麻地及大埔等區的端午龍舟競渡，吸引不少遊客觀賞。同時亦有旅行社提供 "道格拉斯" 飛機鳥瞰香港的節目，每位收費 15 元。

1951 年，大嶼山的銀鑛灣 (梅窩) 之海屋 Seaside House 酒店落成，以方便往大嶼山各旅遊點的遊客。

1953 年，設於灣仔分域街與告士打道交界的 "美軍訊指導站" (Servicemen's Guides)，於 12 月 8 日啟用。站內設有餐室、休息室、指導處、訊問處和找換處，還有一座供美軍登陸之分域碼頭。附近的多條街道是當時之 "交際女郎" (出賣色相的女性) 的活躍地點。

當時的旅遊景點，包括虎豹別墅的萬金油花園，以及沙田、大埔墟、元朗、上水、粉嶺、荃灣、青山 (屯門) 等地的風景區和著名建築。

青山道（公路）十七咪（哩）的青山酒店，約 1960 年。

位於分域街與告士打道交界的分域碼頭及"美軍訊指導站",約 1955 年。

花園道山頂纜車站外的遊客,約 1960 年。右方是美國領事館。

位於大埔道（公路）旁的沙田酒店，約 1960 年。

遊客區的尖沙咀麼地道，由棉登徑向東望，約 1959 年。

　　1955 年 4 月 2 日，英國豪華郵輪載來 520 名巨富，在分域碼頭上岸，停留一天。他們分乘 160 部的士遊覽港九新界，沿途有警員保護。遊覽地點包括：山頂、淺水灣酒店，然後在分域碼頭乘專船赴九龍，乘的士往新界，在青山酒店用晚餐。亦有部分遊客在九龍遊覽。

　　聖若瑟學校派出學生隨車陪導，若干英文書院學生作通譯。

　　1956 年 3 月 6 日，一艘郵船載來 300 多名環遊世界之豪客，由 "上海" 及 "中央" 兩間的士公司負責接載遊覽。警察周密保護，交通警員沿途維持秩序。

　　同年 5 月 2 日，工商處獲美國同意，港九指定 30 間商店，專做美國遊客生意。同一天，有美國遊客 30 多人，在大同酒家品嚐中國菜。

尖沙咀旅遊區的青年會（左）、半島酒店及右方的馬可勃羅酒店，約 1960 年。右下方的停車場亦為工展會的舉辦場地。

1957 年 7 月，報章刊登香港大學建築系之尖沙咀遊客中心的藍圖，內容為在天星碼頭前建一座兩層高、內設巴士總站的廣場，半島酒店前建一休憩公園及一貴賓中心供遊客購物。水警總部旁建一博物館或美術館，位於彌敦道的空地（現喜來登酒店所在），建一半圓型屋頂之展覽館。

　　火車總站遷往市郊，在該地段上建一與梳士巴利道平衡的新馬路，在前端（現文化中心所在）建一多層停車場。

　　上述藍圖提出包括搬遷火車總站、開闢新馬路（星光大道）、興建多層停車場、博物館、美術館（藝術館）皆陸續實現，半圓型屋頂之展覽館則變成太空館。

約 1958 年的銅鑼灣，左方為落成不久的維園，右方是銅鑼灣道口的華都飯店。其東端為灣景酒店。

1957 年 8 月，"香港旅遊協會"（現香港旅遊發展局）申請加入"太平洋旅遊協會"，期望吸引更多遊客來港。當時正值貿易衰退中，旅遊事業成活命湯，旅遊工業已成為僅次於紡織業的工業。有遊客形容香港是"東方所帶給他們的神奇感覺，人力車與帆船是有趣的東西。這裏亦是婦女的購物天堂。"而位於半島酒店的香港旅遊協會辦事處，於 1958 年 6 月開幕。

供香港市民"遊船河"的銅鑼灣吉列島（又名奇力島）避風塘，建成於 1954 年。內泊大小船艇 2,000 多艘，供遊河的有 500 艘，供渡宿的亦有 500 艘，這些由蜑民蜑婦經營的船艇，日間是接載大洋船的乘客登岸者。

避風塘內有 30 多艘"飲食艇"，提供艇仔粥、雲吞麵、東風螺、西餅汽水、雪糕雪條、生果及香煙等。

此外，亦有粵曲藝人駐船的飲食艇，供遊河客點唱。亦有若干艘船艇可供人攜伴侶"短敍"者。

這些遊河艇，每小時收費 1 元，花費數元舉家可遊河乘涼，放乎中流消磨一晚，在五十年代，實屬賞心樂事。

在香港仔太白海鮮舫，正在挑選海鮮的遊客，約 1960 年。

香港仔的艇娘及遊客，1954 年。

慶典與節日

香
港
五
十
年
代
社
會
影
像

默
默
向
上
游

1950 年代的慶典，最盛大的是 1953 年 6 月，慶祝英女皇伊利沙伯二世加冕者。

港九新界皆蓋搭多座華美的牌樓，各處政府和商業的樓宇皆綴以耀目的燈飾和旗幟，裝設噴水池、旋轉球及連續燃燒火炬的皇后像廣場，連同設於滙豐銀行前的會景巡遊檢閱台，成為加冕慶典的中心點。

由 6 月 2 日起，分日在港島、九龍及新界舉行巡遊，內容有花車、金龍、獅子、麒麟及各項技藝表演，吸引了數以十萬計的市民佇看，晚上亦有煙花匯演，這是戰後的空前盛事。

另一盛事則為 1959 年 3 月 6 日至 8 日，英皇夫愛丁堡公爵 (Prince Philip, Duke of Edinburgh) 訪港，並為伊利沙伯醫院奠基，同時乘開篷車在港島市區巡視。本港各界在灣仔英京酒家設宴款待，場面盛大。

至於本港的華人傳統節慶，如農曆新年、正月十五的上元節（又稱為元宵或燈節）、驚蟄、天后誕、長洲北帝誕太平清醮、端午節、乞巧節、盂蘭節、中秋節及重陽節等多個，現簡述幾個頗具特色者。

1953 年 6 月 2 日，慶祝英女皇加冕，皇后像廣場的慶典場面。正中為旋轉球。（圖片由吳貴龍先生提供）

旺角彌敦道與山東街交界，瓊華酒樓的農曆歲晚佈置，約 1962 年。

旺角彌敦道龍鳳茶樓，銷售年貨的舖面，約 1960 年。

1953 年 6 月 2 日，女皇加冕會景巡遊，灣仔軒尼詩道與史劍域道交界的擠擁情景。（圖片由謝炳奎先生提供）

祭白虎及打小人，約 1965 年。

驚蟄，日子為每年的 3 月 5 日或 6 日（農曆正月尾）。每到這天，冬眠的蛇蟲鼠蟻恢復活動，不少迷信婦孺在這天"祭白虎"，以驅除"小人"與"是非"。

不少"拜神婆"在各區街頭及廟宇旁，放置趙元壇或其他神像，伴以香燭及紙紮白虎，以供膜拜。不少於平時忍受怨氣者，委託"壇主"的拜神婆代"打小人"。

壇主把紙剪的"小人"攤在地上，脫下木屐拚命拍打，然後將被"打得半死"的"小人"，貼在神像上，跟着用豬血及肥豬肉放入紙老虎的口內便告"禮成"。

1960 年之前，"打小人"的"勝地"為上環太平山街及磅巷交界，現時則為東區，前身是鵝項橋的一段軒尼詩道。

1950 年 6 月 9 日（五月初五），是又被名為"詩人節"的端午節。香港仔、西環、北角麗池、筲箕灣、亞公岩、赤柱、油麻地及大埔等地，均有龍舟競渡，油麻地小輪船公司亦派小輪，由中環載客往香港仔參觀。

農曆八月二十七日為孔聖誕（孔子誕辰），後來改為公曆。1950 年的孔聖誕，南北行及部分商行，以至先施、永安、大新及中華等四大公司亦休息。被稱為"花布街"的永安街亦張燈結綵以慶祝。

"打小人"勝地之一，油麻地天后廟旁的"社壇"，約 1960 年。

道教法師為龍舟舉行"開光"儀式，約 1960 年。

皇后大道東洪聖古廟旁，一紙料店前的中秋花燈，約 1960 年。

上香拜神祈福，約 1960 年的神誕。

1950 年 8 月 24 日（七月初六）晚，未婚少女慶祝又名"女兒節"和"七姐誕"的"乞巧節"，意為向天仙織女乞求傳授巧藝，有不少大戶人家在門前放置多張枱桌，陳列閨女們的精巧手藝品，供途人觀賞。家家戶戶供奉餅餌果品、胭脂水粉、七彩頭繩，以及七姐秧、鮮花等，用作"拜仙"，祈求上天賜予一段美滿的姻緣。還焚燒"梳妝盆"（又名七姐盆），有較筵席桌面為大者。不少金蘭姊妹或賣菜姑娘，組成一"七姐會"，每月供 1 至 2 元，用作拜仙和慶祝的消費。當晚，戲院和遊樂場亦擠滿人羣。

農曆七月開始，全港商住戶皆舉行盂蘭勝會超幽，以超渡亡魂。這項又名"燒衣"的活動，較熱鬧的是中半山的"卅間"（士丹頓街）一帶，但最盛大的為西營盤"三角碼頭"（皇后街及旁邊干諾道西一帶），以及"渣甸橋"（正街對開干諾道西的渣甸碼頭附近）之潮州籍坊眾所舉辦者。這一帶為包括南北行所在之西區商業薈萃之地，對超幽極為重視。

法事一連舉行三晝夜（約為農曆七月廿一開始），隆重舉行誦經拜懺，施放餞口，蓋搭多座經壇和醮壇，焚燒衣紙冥鏹後，分派由商戶及坊眾捐贈之食物和用品予貧苦大眾。

懸掛於街頭的"七姐盆"及"七姐衣",約 1960 年。

參考資料： 《星島日報》

《文匯報》

《大公報》

《華僑日報》

《華僑日報》編印〈香港年鑑〉(1951 年)

Hong Kong Annual Report (1956)

鳴謝： 梁紹桔先生

吳貴龍先生

張西門先生

謝炳奎先生

香港大學圖書館